Helmut Bonney / Juliane Bonney

Schulversagen?

Eltern bitten Lehrer und Berater
an den Runden Tisch

Vandenhoeck & Ruprecht

Mit 11 Abbildungen

Bibliografische Information der Deutschen Nationalbibliothek

Die Deutsche Nationalbibliothek verzeichnet diese Publikation in der Deutschen Nationalbibliografie; detaillierte bibliografische Daten sind im Internet über http://dnb.d-nb.de abrufbar.

ISBN 978-3-525-40222-1

Weitere Ausgaben und Online-Angebote sind erhältlich unter: www.v-r.de

Umschlagabbildung: A networking people on blackboard/wlablack/ Shutterstock.com

Satz: SchwabScantechnik, Göttingen
Umschlag: SchwabScantechnik, Göttingen
Druck und Bindung: ⊕ Hubert & Co., Göttingen

Gedruckt auf alterungsbeständigem Papier.

Inhalt

Vorbemerkungen

Die Regelschule in Deutschland steht seit ihrem Bestehen immer (wieder) im Kreuzfeuer der öffentlichen und medialen Kritik. Eine Schulweiterentwicklung bedarf einer lebendigen Schaffenskraft, die den Kindern und Jugendlichen immer besser ermöglicht, ihre Begabungen zu entfalten, ihre Neugier, ihren Lernwillen zu erhalten und eine unverwechselbare Persönlichkeit auszubilden, soweit das in der Verantwortung der Schule liegen kann. Zu wünschen ist eine schulische Konzeption, die sich die bewährten Erfahrungen der praktischen und wissenschaftlichen Pädagogik zunutze macht und gleichzeitig den Erkenntnissen der Entwicklungspsychologie und der Neurobiologie Rechnung trägt. Darüber hinaus ist zu berücksichtigen, dass unabhängig von den gesellschaftlich oder bildungspolitisch geforderten oder gewünschten Schulkonzepten sich letztlich Lehrer und Schüler (und dahinter die Elternhäuser) als Menschen mit Gedanken, Gefühlen, Erfahrungen gegenüberstehen. Zwischen diesen Menschen entstehen Beziehungen, die in Handlungen münden und die sich schließlich auch in der Schule auswirken. Außerdem ist zu bedenken, dass die Erstklässler im 21. Jahrhundert nur bedingt mit den Schulanfängern von 1970 gleichgesetzt werden können: Sie haben unter dem Einfluss der gegenwärtigen Entwicklungsbedingungen früher, als es vor einer Generation zu beobachten war, bereits Denk- und Handlungskompetenzen erworben, mit denen sie sich in der Welt der Erwachsenen bewähren wollen und das teilweise auch können. Andererseits sind sie von den Wirkungen des sozialen Wandels betroffen, die durch den überall herrschenden Zeitmangel ihre sichere Einbettung in die Familie und somit die schützende Entwicklung tragfähiger Beziehungen bedrohen.

Während der fortlaufenden Diskussionen um passende Schul- und Unterrichtsformen in vielen gesellschaftlichen Schichten, in Politik, Wissenschaft und Medien genügen die zu beschulenden Kinder der Schulpflicht und müssen die Gegebenheiten der Regelschule bewältigen, können nicht erst auf vielleicht wünschenswerte Änderungen warten, haben keine Wahl. Wenn die Kinder mit und nach der Einschulung Leid erfahren, ist das aber nicht nur und einseitig durch Basismängel im Schulsystem zu erklären. Wollte man eine solche Position beziehen, könnten gegenwärtig für kein Schulkind mit Schulschwierigkeiten Lösungen gefunden werden, bevor zu fordernde und wünschenswerte schulische Neukonzeptionen zur Wirkung kommen. Keine Wahl innerhalb des gegebenen Systems zu haben, ist die Basiskennzeichnung von Stress. Also muss es um Stressbewältigung in der Gegenwart gehen. Das Stressmuster im Zusammenhang mit der Schule enthält als Elemente neben unter Umständen unpassenden Herausforderungen in der Schule individuelle Besonderheiten, Stärken und Schwächen des Schulkindes oder Jugendlichen und seines familiären und sozialen Umfeldes. Will man ein Kind bei der Stressbewältigung unterstützen, ist das gesamte Muster der stressbewirkenden Faktoren in den Blick zu nehmen.

Die Erwachsenen in der Umgebung des Kindes haben eine mehrfache Verantwortung unter sich zu verteilen und die damit verbundenen Aufgaben wirksam zu erfüllen. Die Eltern müssen keineswegs perfekt, nur »gut genug« sein. Die Lehrpersonen als Teil der pädagogischen Institution stehen vor der Aufgabe, nicht nur als Spezialisten für das (fachliche) Lernen und die Vermittlung abfragbarer Lernergebnisse zu wirken, sondern auch als Pädagogen mit ihrem Wissen um die wichtigen seelischen Beziehungen zwischen Schülern und Lehrern und um die Voraussetzungen für die Entwicklung der Kinderpersönlichkeit bedeutsam zu sein. Hinzugerufene Beraterinnen und Berater (unter anderem psychologische, kinderpsychotherapeutische und -psychiatrische, auch medizinische Spezialisten) können dann hilfreich sein, wenn ihnen die Gesamtschau auf die Stresslage und deren Berücksichtigung bei der Entwicklung einer Hilfestellung ein Anliegen ist.

Der Kongress der deutschen Kinderpsychiater 1975 in Göttingen zum Thema »Macht die Schule krank?« versuchte, die Beziehungen zwischen den schulischen Gegebenheiten und der seelischen Kindergesundheit zu erhellen. Eines der Resultate: »Die Kinder kommen krank in die Schule!« sollte als wesentliche Ursache von Schulschwierigkeiten die Entwicklungsbedingungen der Kinder vor der

Einschulung benennen. Nahezu ein halbes Jahrhundert später können wir mit systemischem Blick solche vereinfachenden Ursache-Wirkungs-Beziehungen überwinden. Das System, in dem sich Kinder als Schüler verhalten, ist durch eine Kompliziertheit und Fülle von Einflussfaktoren gekennzeichnet, die eine sichere Vorhersage der Wirkung einzelner Maßnahmen nicht erlaubt. Die wechselseitige Anerkennung einer sich um Reformen bemühenden Schule auf der einen und der Familien mit schulpflichtigen Kindern auf der anderen Seite vermeidet einseitige Schuldzuweisungen, wenn die Kinder nach der Einschulung und im Verlauf der folgenden Jahre Schulschwierigkeiten zeigen sollten und seelisch behandlungsbedürftig erscheinen. Das ist eine Grundeinstellung systemischer Arbeit: Es geht weder darum, ein gescheitertes Schulsystem zu brandmarken, noch mit dem Finger auf sogenannte »Helikoptereltern«, die alles besser wissen, oder »schlecht erzogene« Kinder zu zeigen. Die Grundidee dieses Buches ist es stattdessen, wirksame Lösungsmöglichkeiten zu beschreiben, die sich aus all den breit diskutierten Problemkonstellationen rund um die Schule ergeben können. Im Folgenden werden anhand von Fallbeispielen exemplarisch Lösungswege beschrieben, die durch eine fruchtbare Zusammenarbeit von Pädagogen, Kindern und Jugendlichen sowie deren Familien und Psychotherapeuten oder anderen Beratern entwickelt werden können. Wir möchten vor allem Eltern, die sich mit Schulproblemen bei ihrem Kind konfrontiert sehen, zu einem nützlichen Informationszuwachs verhelfen, der ihnen die Systemkompetenz vermittelt, um wirksame Lösungen zu finden.

Warum wir dieses Buch geschrieben haben

In Deutschland besuchen derzeit (2013/14) laut Statistischem Bundesamt 11,1 Millionen Kinder und Jugendliche verschiedenste Arten von Schulen. Sie alle haben um sich herum Erwachsene, die ihren Lebensweg begleiten und prägend auf sie Einfluss nehmen. Die meisten von uns haben in ihrem Familien-, Freundes- und Bekanntenkreis Umgang mit Kindern, Verantwortung für Kinder. Und es gibt viele Menschen, die darüber hinaus in ihrem beruflichen Kontext mit Kindern zusammenkommen, sei es als Lehrer, Erzieher, Ärzte oder Therapeuten.

Schulkinder verbringen einen mit ihrem Alter immer größer werdenden Teil ihrer Tageszeit in ihren jeweiligen Schulen, in einem Schulsystem, das aus verschiedensten Gründen in der Öffentlichkeit, den Medien und in Familien immer wieder intensiv kritisiert wurde und wird. Wenn Kinder mit und nach der Einschulung schlechte Erfahrungen machen müssen, ist die Versuchung groß, Schuld zuzuweisen, und diese geht dann meistens in Richtung Schule. Aber: Solche eindimensionalen Erklärungsversuche sind in der Regel nicht hilfreich und nützen gar nichts, wenn eine Lösung für eine problematische Situation, die im Zusammenhang mit der Schule auffällt, gefunden werden soll. Im Gegenteil erzeugen Schuldzuweisungen eher ein Klima der Polarisierung und Ablehnung zwischen den Menschen, die im günstigsten Fall lösungswirksam zusammenwirken könnten: Eltern, Lehrer, Schüler (und mitunter Berater).

Der von Familien im Zusammenhang mit der Schule empfundene Stress – der in diversen Konflikten münden kann – entsteht aus einer Vielzahl von Faktoren. Eltern empfinden für ihre Kinder unpassende Herausforderungen in der Schule oder eine Nichtbeachtung individueller Stärken und Schwächen. Lehrer wissen wenig über das familiäre und soziale Umfeld ihrer Schüler, das aber einer Berücksichtigung bedarf, weil es von hoher Wichtigkeit für das Kind, den Schüler ist. Will man ein Kind bei der Stressbewältigung unterstützen – ein in der Schule auftretendes Problem lösen –, müssen alle Stress auslösenden Faktoren in den Blick genommen werden.

Von zentraler Bedeutung dabei ist die wechselseitige Anerkennung der Lehrerinnen und Lehrer in den Schulen auf der einen und der Familien mit schulpflichtigen Kindern auf der anderen Seite. Dazu gehört zwingend die Vermeidung von einseitigen Schuldzuweisungen. Diese Sichtweise ist eine Basis der systemischen Arbeit, wie wir sie einsetzen und als erfolgreich erleben. Möglicherweise zunächst unlösbar erscheinende Probleme können unter Anwendung einer konsequent wertschätzenden Arbeitsweise für alle Beteiligten bewältigt und gelöst werden. Wir haben in der langjährigen Arbeit mit Eltern, Schülern und Schulen immer wieder erleben können, dass die kooperative Lösungsfindung zum Beispiel mithilfe von Runden Tischen, die in diesem Buch ausführlich beschrieben wird, nachhaltige positive Veränderungen nach sich zieht, dass massivste »Schulprobleme« plötzlich verschwinden. Immer wieder kann dabei beobachtet werden, wie an Problemlösungen Beteiligte produktive Energie entwickeln, wenn nicht über Schuld, sondern über Verantwortung und ihre Verteilung gesprochen wird: Das Kind befindet sich grundsätzlich in dem Verantwortungsbereich der Eltern. Im Schulhaus übernehmen die Lehrer für den Schüler Verantwortung. Werden Berater und Therapeuten mit einbezogen, können diese je nach Auftrag und Kompetenz fachliche Verantwortung für die Unterstützung des Kindes und Schülers, für das familiäre und/oder schulische Geschehen übernehmen.

Obwohl wir es besser wissen, neigen wir alle, wenn wir Probleme betrachten, immer wieder zu Vereinfachungen wie »Jede Wirkung ist auf eine einzelne Ursache zurückzuführen«. Egal, ob wir uns als Laien oder Spezialisten sehen, passiert es immer wieder, dass wir vorrangig unser eigenes »Fachgebiet« (z. B. Familie, Schule, Arzt- oder Beraterpraxis) als entscheidend für die Bewertung einer Situation ansehen und entsprechend aus dieser eingeschränkten Sichtweise Lösungen benennen wollen. Das geschieht auch, wenn ein Kind, ein Jugendlicher, in der Schule Anlass zur Sorge gibt, weil zum Beispiel das Lernen nicht recht klappt oder das soziale Miteinander in der Schule nicht gelingt: Lehrer neigen entsprechend ihrer Ausbildung dazu, Ursachen für Schulschwierigkeiten »im Kind« (oder seiner Familie) anzusiedeln, sei es nun, dass der Schüler oder die Schülerin die geforderten Leistungen nicht erbringt oder ein unangemessenes Sozialverhalten zeigt und nicht beschulbar erscheint. Werden Psychologen oder Ärzte mit einbezogen, folgen diese zumeist einem medizinischen Krankheitsmodell, das ebenfalls nach Ursachen »im Kind«, in seiner Gesundheit, sucht, die zu Schwierigkeiten führen. Eltern könnten die Schule verantwortlich machen, weil ein Lehrer sich ihrer Meinung nach ihrem Kind gegenüber unangemessen verhält oder das neu eingeführte Schulkonzept nicht zum eigenen Kind passt. Über den Tellerrand solcher Vereinfachungen zu blicken, bedeutet den Anfang von Systemkompetenz, die zu entwickeln wir hier Eltern helfen möchten. Das heißt: Interesse entwickeln für die Vielfalt von Handlungen und Kräften und für deren gegenseitige Beeinflussung von Vorgängen, die bei der gegenwärtigen Sorge – hier um das Kind in der Schule – Bedeutung haben. Verschiedene Fallbeispiele zeigen, wie eine große Zahl unterschiedlicher Einflüsse und Tatsachen zu einer vergleichbaren Entwicklung führt: zum Ausbleiben des Schulerfolges, begleitet von oder verwoben mit sozialen Problemen und seelischen Beeinträchtigungen des Kindes, seiner Familie und der beteiligten Lehrpersonen. All das kann und muss unserer Meinung und Erfahrung nach bei einer Lösungsfindung mit berücksichtigt werden.

Sehr wichtig ist für uns, im Verlauf der Arbeit mit Familien die Eltern dabei zu unterstützen, ihre Bedeutung als die wichtigsten Menschen für ihr Kind zu erkennen (oder wieder zu erkennen) und zu nutzen, und ihnen darüber hinaus, wenn nötig, zu helfen, ihre Souveränität zu finden oder wiederzufinden. Das ermöglicht ihnen, ihre Aufgabe als die, die in ihrer Verantwortung als Eltern letztlich die Entscheidungen für ihre Kinder treffen, auszufüllen und sich auch entsprechend zu zeigen.

In diesem Buch beschreiben wir unser Arbeitsmodell: Kooperation, Wertschätzung, Anerkennung aller Beteiligten durch ihre Einbindung in eine Lösungsfindung im Zusammenhang mit Problemen, die in der Schule auftreten können, basierend auf der durch die Praxis belegte Überzeugung, dass wirksame Lösungen auf diesem Wege gefunden und gelebt werden können. Wir rechnen weder mit unfähigen Lehrerinnen und Lehrern noch mit Helikopter- oder vernachlässigenden Eltern noch mit Kindern, die kein Interesse am Lernen haben. Anhand von vielen Fallbeispielen aus unserer Arbeit benennen wir solche Lösungsmöglichkeiten, die sich aus all den breit diskutierten Problemkonstellationen rund um die Schule ergeben können.

Konsequenterweise richtet sich das Buch vorrangig an Eltern und zeigt Wege zu Lösungen auf, die von Eltern angestoßen werden können. Allerdings glauben wir, dass darüber hinaus jeder, der mit Kindern und Jugendlichen im schulischen oder beratenden Kontext in Kontakt ist, die hier vorgestellten und erprobten Arbeitsweisen lernen und anwenden kann – und jeder andere, der neugierig darauf ist, etwas Neues für eine Problemlösung auszuprobieren.

Das Buch haben wir angelehnt an unsere Vorgehensweise bei der Arbeit mit Familien, die mit Schulproblemen zu uns kommen, aufgebaut. Unsere Arbeit – bei Schulproblemen und darüber hinaus – beruht auf einer systemischen Herangehensweise, deshalb hielten wir es für wichtig und richtig, unserer Anwendung dieser Arbeitsweise im beratenden und therapeutischen Kontext mit Familien ein separates Kapitel zu widmen (»Grundzüge der systemischen Beratung und Bausteine der Arbeit«). Sie ist das Fundament unseres Arbeitsmodells, das wir zusammen mit Ergebnissen dieser Arbeit vorstellen.

Zur Vereinfachung und als ein erster Überblick für Lösungen Suchende ist unser Arbeitsmodell – und damit die Gliederung des Buches – in Abbildung 1 grafisch dargestellt. Jeder kann so entsprechend seiner aktuellen Fragestellung schnell das passende oder die passenden Kapitel finden.

Zur Erläuterung: Beim Umgang mit Schulschwierigkeiten ist es wichtig, als Erstes abzuklären, ob es vorrangig um Leistungsmängel oder soziale Probleme geht. Innerhalb dieser beiden Schwerpunkte gibt es verschiedene Themen und Fragestellungen, die mit unterschiedlicher Gewichtung beschrieben und mit Fallbeispielen veranschaulicht werden. Sie sind in den Kästchen unter den beiden übergeordneten Schwerpunkten zusammen mit dem dazugehörigen Kapitel beziehungsweise Kapiteln benannt. Die Grafik zeigt mittels Pfeilen darüber hinaus exemplarisch Verknüpfungen zwischen den einzelnen Themen. Der bereits erwähnte Runde Tisch findet sich entsprechend seiner Bedeutung für die Lösungsfindung an zentraler Stelle in der Grafik wieder und spielt in verschiedenen Kapiteln eine Rolle.

Anmerkung: In den Fallbeispielen berichten wir über unsere Arbeit mit Familien in unserer Praxis. Details wie Namen, wenn notwendig auch Berufe, familiäre Zusammenhänge und anderes mehr wurden so verändert, dass keinerlei Zuordnung zu existierenden Familien möglich ist. Alle von uns beschriebenen Fälle konnten mit einer ambulanten Arbeitsweise behandelt werden.

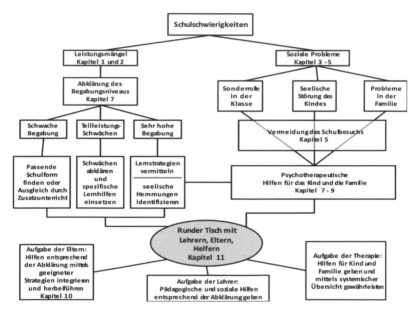

Abbildung 1: Unser Arbeitsmodell und die Gliederung des Buches

Einstieg: Komplexe Fragen brauchen Systemkompetenz – Felix und seine Familie

Eine der besten Möglichkeiten, eine Arbeitsweise zu veranschaulichen, ist das Vorstellen und Besprechen von Fallbeispielen. Auch deshalb haben wir in allen Kapiteln dem jeweiligen Thema entsprechende Ausschnitte aus der Arbeit mit Familien eingefügt. Außerdem haben wir uns entschlossen, an den Beginn des Buches, also im Anschluss an diese einleitenden Worte, die Zusammenfassung einer sich über mehrere Monate erstreckenden Arbeit mit einer Familie zu stellen, die mit Schulsorgen zu uns kam. In diesem ausführlichen Fallbeispiel zeigen sich eine Vielzahl der Faktoren, die zu Schulsorgen führen können – und entsprechende Lösungsmöglichkeiten. Idealerweise erweckt diese Arbeit Neugier auf die folgenden Kapitel.

Vorgespräche

Im November 2010 berichtete die Mutter in unserer Praxis in Abwesenheit ihres Sohnes Felix und des Vaters des Kindes, von dem sie getrennt lebt, in einem Erstgespräch über die aktuelle familiäre Situation. Die Eltern hätten Felix in einer kinderpsychiatrischen Praxis vorgestellt, weil er wegen seines langsamen Arbeitstempos und träumerischen Verhaltens zu Hause und in der dritten Grundschulklasse schwache Leistungen zeige und weil die Klassenlehrerin den Besuch einer entsprechenden Arztpraxis nahegelegt habe. Die Mutter erzählte weiterhin, dass der Vater ihr das problematische Verhalten ihres Sohnes zur Last lege und ihren Erziehungsstil kritisiere. Sie befürchte eine Eskalation der Schulschwierigkeiten – der Übergang in das (von den Eltern angestrebte) Gymnasium stehe infrage – und darüber hinaus eine Verschlechterung der familiären Beziehungen. Die testpsychologische Untersuchung in der erwähnten kinderpsychiatrischen Praxis hätte zu einer ADS (Aufmerksamkeitsdefizit-Störung) geführt. Entsprechend sei dort die Behandlung mit einem entsprechenden Stimulans als unverzichtbar erklärt worden. Während ihr Mann aufgrund der fachärztlichen Erklärungen von einer Gehirnstörung bei Felix überzeugt sei und die Medikamentengabe zur Sicherung des Schulerfolgs dringend vornehmen wolle, sei sie skeptisch und unsicher und wolle entgegen dem ausdrücklichen Wunsch des Vaters eine zweite Meinung einholen.

Wenige Tage später suchte auf unsere Einladung hin der Vater die Praxis auf. Er protokollierte den Gesprächsverlauf. Ihn hätten die fachärztlichen Ausführungen und Erklärungen in der zunächst aufgesuchten Praxis überzeugt. Entsprechendes hätte er auch im Internet nachlesen können. Er registriere das schlechte Selbstwertgefühl von Felix und wisse von seinen Albträumen. Beides sei wohl als Folge der relativ schwachen schulischen Leistungen aufzufassen. Felix sei sehr schnell ablenkbar und könne bisweilen seine Impulse nicht ausreichend kontrollieren. Wenn die Ursache dieser Auffälligkeiten eine Hirnstoffwechselstörung sei, könne er an die Wirksamkeit von psychotherapeutischen Maßnahmen nicht glauben. Ferner sei der ungünstige Erziehungsstil seiner Frau, bei der Felix die Hälfte der Zeit verbringe, für die gestörte Verfassung seines Sohnes mit verantwortlich. Sie leide wohl selbst an ADS, das ja wohl vererbt werden würde, denn ihre Wohnung sei unaufgeräumt und sie selbst insgesamt schlecht organisiert. Trotz seiner Skepsis wolle er sich aber einer weiteren fachärztlichen Untersuchung nicht verschließen, da er hier eine eingehendere Berücksichtigung der seelischen Lage von Felix erwarte.

Das den beiden Einzelgesprächen folgende gemeinsame Gespräch mit beiden Eltern war von einer aggressiven und explosiven Atmosphäre gekennzeichnet. Der Vater reagierte mit scharfen Worten auf jede Äußerung der Mutter, die zunehmend erstarrte und aus dem Kontakt ging. Dennoch zeigten sich die Eltern in der Charakterisierung ihres Sohnes einig, sie erlebten Felix als feinsinnigen Jungen, der bisweilen von emotionalen Stürmen überrollt werde. Gleichzeitig hielten sie sich gegenseitig vor, unpassend mit ihm umzugehen. Beide Eltern einigten sich trotz ihrer gegenseitigen Feindseligkeit, eine erneute psychologische Untersuchung ihres Sohnes vornehmen zu lassen. Sie ließen aber von Beginn an ihre unterschiedlichen Positionen hinsichtlich der Lebensmittelpunktfrage von Felix durchblicken. Während der Vater keinesfalls von der seit Kurzem praktizierten 50/50-Lösung abweichen wollte, drängte die Mutter auf

eine Änderung: Felix solle in Zukunft überwiegend bei ihr leben, da
»ein Kind zur Mutter gehöre«. Wir wiesen von vornherein darauf
hin, dass nach unserer Erfahrung eine gelingende 50/50-Lösung die
Einigkeit der Eltern bezüglich der wesentlichsten Punkte im Zusammenhang mit ihrem Sohn voraussetzt.

Erster Auftrag

Es wurden zunächst fünf diagnostische Termine für Felix vereinbart,
deren Ergebnisse anschließend mit beiden Eltern besprochen werden sollten, um dann ggf. ein passendes Behandlungskonzept vorzu-
schlagen. Bis dahin wurden die Eltern einzeln und parallel zu weiteren Gesprächen eingeladen, da die Kampfbereitschaft des Vaters und
die aus stiller Wut und Entsetzen gespeiste Gesprächshemmung der
Mutter zunächst keinen konstruktiven Dialog der Eltern in einem
gemeinsamen Gespräch erwarten ließen.

Kinderpsychiatrische und psychodiagnostische Untersuchung des Kindes

Diagnostische Zeichentests, Satzergänzungs- und Scenotest, ein
Familienbrett sowie verschiedene Spiele wurden Felix in den vereinbarten fünf Begegnungen angeboten. Auf eine Messung der
Begabungsausstattung konnte verzichtet werden, da bereits aktuelle Ergebnisse vorlagen.

Der kinderpsychiatrische Befund war insgesamt unauffällig. Felix
fand sich zunehmend offen zu allen Sitzungen ein und bearbeitete
alle ihm gestellten Aufgaben mit Interesse und Neugier. Er konnte
beginnen, seine Sorgen anzusprechen, wobei er eine sein Alter weit
übersteigende Reflexionsfähigkeit zeigte. Im Zentrum standen sein
Leiden an der Trennung der Eltern, seine daher rührende Trauer,
seine vermeintliche Verantwortung für das Trennungsgeschehen,
die Verfassung des Elternteils, bei dem er sich gerade nicht aufhielt,
und die nicht gelöste Lebensmittelpunktfrage. Auffällig waren seine
große Sorge um die Mutter in Zeiten, die sie allein (ohne ihn) verbringen musste, und seine häufige Thematisierung von Wut in Bil-
dern, die er immer wieder auf eine große Glaswand im Therapie-

raum malte. Seine Mutter berichtete von Kopf- und Bauchschmerzen in der »Mama-Woche«. Daneben dominierte das Thema Schule mit den gefühlten Leistungserwartungen der Eltern und der Angst vor Vergleichen mit dem leistungsstärkeren besten Freund.

Ehegeschichte und Familiendiagnostik

Nach Abschluss der diagnostischen Untersuchungen bei Felix wurden die Ergebnisse den Eltern in einem gemeinsamen Gespräch dargestellt und erläutert. Sie zeigten sich erneut zerstritten, obwohl sie in den vorausgegangenen Einzelgesprächen ängstlich, entmutigt und sehr traurig erschienen waren. Wir vereinbarten die weiteren Termine für Felix und parallel dazu die Nachzeichnung der Ehe- und Trennungsgeschichte zur Klärung und Lösungsfindung auf der Erwachsenenebene. Wie immer während der Arbeit mit Familien erstellten wir zur unterstützenden Gliederung eine Familienskizze, ein sogenanntes Genogramm, das in Abbildung 2 zu sehen ist. Details zu diesem wichtigen Arbeitsinstrument sind im Kapitel »Grundzüge der systemischen Beratung und Bausteine der Arbeit« zu finden.

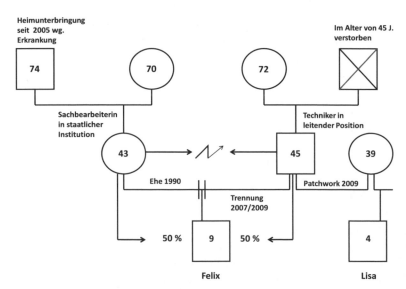

Abbildung 2: Genogramm der Familie

Das Paar lernte sich im Freundeskreis kennen und heiratete zehn Jahre später. Beide mochten sich wegen ihrer unterschiedlichen Interessen, die sich ergänzten. Sie begegneten sich tolerant und vertrauensvoll. Ihre Beziehung änderte sich mit Beginn ihrer Elternschaft im Jahr 2001. Die Mutter vermisste die Anerkennung in ihrem Beruf, der Vater erlebte einen »sinkenden Glückspegel«, sprach aber nicht darüber.

Ende 2007 trennten sich die Eltern und vereinbarten nach einer ersten Phase, in der der Sohn vorrangig von der Mutter betreut worden war, eine hälftige Betreuung des Sohnes in beiden Haushalten. Auslöser für diese Veränderung war ein vom Sohn geäußerter entsprechender »Wunsch«, dem zu folgen sich die Mutter nicht verschließen konnte. Der Vater zog 2009 mit einer neuen Partnerin und deren vierjähriger Tochter zusammen. Die Zeit nach der Trennung war vom Bemühen der Eltern um ein möglichst harmonisches, konfliktvermeidendes Miteinander gekennzeichnet. Eine Scheidung war zwar ins Auge gefasst, aber zunächst nicht umgesetzt worden. Deshalb waren die Eltern von den sich bei Felix entwickelnden Verhaltensauffälligkeiten sehr überrascht und betroffen. Schließlich hatten sie ihrem Sohn möglichst alle Schwierigkeiten ersparen wollen, wenn schon die Trennung der Eltern unvermeidlich war. Die seelische Irritation ihres Sohnes verunsicherte beide Eltern im Hinblick darauf, was die beste Erziehung und Führung sein könnte. Während die Mutter dem Vater wegen seiner Strenge Vorwürfe machte, beklagte der Vater die vom ihm als unorganisiert wahrgenommene Lebensweise der Mutter.

Nach der kinderpsychiatrischen Erstvorstellung von Felix eskalierten die Beziehungsschwierigkeiten der Eltern. Der sich schnell ausdehnende Konflikt erstreckte sich nun auch auf das aktuelle Betreuungsmodell. Während der Vater um jeden Preis an der hälftigen Betreuung festhalten wollte, drängte es die Mutter zur Definition des Lebensmittelpunktes in ihrem Hause. Sie traute sich aber nicht, ihren Mann darüber zu informieren, sondern hoffte, dass ihr Anwalt dies vor Gericht zur Sprache bringen würde. Weil wir darüber informiert wurden, konnten wir die Eltern zur Absage eines Gerichtstermins bewegen. Stattdessen vereinbarten wir mit den Eltern ein Beratungsgespräch, zu dem neben den Eltern ihre Anwälte eingeladen wurden. Ziel des Gespräches sollte es sein, juristische von anderen Lösungswünschen abzugrenzen und die wesentlichen Wünsche der Eltern zu thematisieren, um im Anschluss daran eine Vorgehensweise zu finden, der beide Eltern zustimmen könnten und die eine weitere Arbeit mit der Familie neben den juristischen Klärungsnotwendigkeiten ermöglichte.

Runder Tisch mit den Eltern und deren Anwälten

Das Gespräch begann in einer emotionalen Hochspannung. Beide Rechtsanwälte gingen von solchen Verhärtungen der gegensätzlichen Positionen aus, dass sie mit einer einvernehmlichen Lösung nicht rechneten. Im Zentrum der Auseinandersetzung stand die strittige Frage nach dem Lebensmittelpunkt des Kindes. Im Verlauf der Unterredung konnten aber beide Eltern den therapeutischen Vorschlag annehmen, vor einer ggf. durch das Familiengericht zu findenden endgültigen Entscheidung ihre Gegensätze vor dem Hintergrund der Ehegeschichte zu beleuchten. Dazu wurde beschlossen, fünf Paargespräche mit den Eltern zu führen und bis zum Abschluss dieser Gespräche die juristische Arbeit ruhen zu lassen.

Zweiter Auftrag

Mit den vereinbarten fünf Paargesprächen wurde unverzüglich begonnen. Die Gespräche verliefen von Beginn an zunehmend entspannt mit Ansätzen gegenseitiger Anerkennung. Von großer Bedeutung war, dass der Vater im Verlauf offen seine Emotionalität zeigen konnte, die Felix' Mutter während der gesamten Ehezeit so nicht hatte wahrnehmen können. Die Eltern begannen, die Verhaltensauffälligkeiten ihres Sohnes als mit ihren Beziehungsproblemen verwoben zu verstehen, und überwanden dadurch ihre heftige gegenseitige Streitbarkeit. Mit deutlicher Gefühlsreaktion nahm der Vater in der letzten der fünf Begegnungen schließlich die Mitteilung seiner Frau entgegen, sie wolle nicht auf ihrer Forderung nach Verlegung des Lebensmittelpunktes von Felix in ihren Haushalt bestehen. Beide Eltern bestätigten sich gegenseitig die gute Entwicklung ihres Sohnes und den Zusammenhang mit ihrer wieder zunehmenden Annäherung und Wertschätzung.

In der Schule: Runder Tisch mit den Eltern und der Lehrerin

Im Rahmen zweier Gespräche in der Schule wurde die Lehrerin über die seelische Verfassung des dort oft abwesend wirkenden Jungen informiert und sie lernte verstehen, dass keineswegs von gestörten zentralnervösen Funktionen auszugehen ist. Sie verstand die Notwendigkeit, Felix vermehrt mit Anerkennung zu begegnen.

Bausteine der Einzeltherapie des Kindes

Das Konzept der Einzelbehandlung umfasste neben kinderpsychotherapeutischen auch übende Elemente. Zum Training von Handlungsplanung und Impulskontrolle wurden verschiedene Spielangebote gegeben. Psychotherapeutisch wirksam war die Vermittlung von Anerkennungserfahrungen wie zum Beispiel die gemeinsame Erstellung einer Urkunde für Felix nach dem erfolgreichen Abschluss eines schwierigen Suchspiels. Darüber hinaus konnten wir im Therapieverlauf vom Kind formulierte Aufträge an die Eltern entgegennehmen und zur Entlastung von Felix an die Eltern weitergeben (Felix:»Die Eltern belasten und drücken noch Rucksäcke, die ihnen weggezaubert werden müssen!«). Das Kind war über die Weitergabe von solchen Informationen nicht nur informiert, sondern gab dazu vorab seine Zustimmung und formulierte sogar Aufträge an die Therapeuten (»Vielleicht könnt ihr ja helfen, dass sie sich weniger Stress machen«).

Ende des elterlichen Kampfes gegeneinander

Die Eltern einigten sich darauf, die juristischen Auseinandersetzungen um den Lebensmittelpunkt zu beenden und offengebliebene Fragen in der Familientherapie zu besprechen. Sie erstellten beide eine Liste ihrer pädagogischen Vorstellungen, die sie zusammen mit uns abglichen. Beide Eltern konnten damit beginnen, sich gegenseitig Anerkennung zu zollen.

Wandel der kindlichen Verfassung in den Elternhäusern und in der Schule

Felix klagte seltener über verschiedene Schmerzen und erschien den Eltern zufriedener. Die Entwicklung in der Schule kam allerdings nur schleppend voran. Die Lehrerin wollte letztlich bei ihren zu Beginn geäußerten Theorien bleiben. Sie konnte den Anregungen nicht folgen, die ihr von uns gegeben wurden. Durchaus denkbare ausgedehntere Bemühungen erschienen weder den Eltern noch uns angebracht, da Felix' Schulwechsel in die weiterführende Schule vor der Tür stand.

Begabung und Leistung

Spätestens mit der Einschulung verlassen die Kinder den schützenden Rahmen der Familie. Sie begegnen nun den Anforderungen der Lernkultur. Die schulische Wirklichkeit verlangt von den Kindern, mit neuen Herausforderungen zurechtzukommen. Sie müssen sich dem zeitlichen Takt und Rhythmus der Schulstunden unterwerfen, sollen eingefügt in den sozialen Verband der Klasse den Unterricht aufmerksam verfolgen und schließlich zunehmend ihren Lernerfolg beweisen. Stellt sich der geforderte Lernerfolg nicht ein, geraten Eltern und Kinder schnell in Not. Sowohl der Vormittag in der Schule als auch der Nachmittag zu Hause können zur Qual werden. Und wenn zudem Lehrer Eltern und Kind den mangelnden Erfolg zurückmelden, wächst bei Eltern und Schulkindern die Angst vor einem andauernden Versagen, die nach Hilfestellungen ruft.

Der Schulerfolg ist zuerst an die Ausprägung der Begabung, der Intelligenz gebunden. Von größter Bedeutung ist zudem die Verfügbarkeit der Begabung. Wenn die schulischen Anforderungen mit den gegebenen Fähigkeiten des Kindes nicht zu bewältigen sind, kann sich der Lernerfolg nur schwer oder unzureichend einstellen. Bereits erkannte Lernbehinderungen sollten aber in der Regel schon vor der Einschulung zu angemessenen Beschulungsformen und pädagogischen Weichenstellungen führen.

Größte Beachtung verlangt die Klärung der Gründe, warum eine ausreichend gute oder sogar sehr gute Begabung für das schulische Gelingen nicht verfügbar ist. Die Aufdeckung solcher Gründe ist der Teil der Lösungsarbeit, der an dieser Stelle beginnen kann. Unterbleibt die Klärung oder gelingt sie nicht, eröffnet sich mit großer Wahrscheinlichkeit ein Teufelskreis: Das Kind erfährt einen Mangel an Anerkennung, und diese Erfahrung von Entwertung vermindert die Energie, die zur Bewältigung der Lernanforderungen notwendig ist. Die Bereitschaft zur Anstrengung und das Vertrauen in die eigenen Fähigkeiten nehmen ab, jeder weitere Erfolg bleibt folgerichtig ebenso aus wie die unverzichtbare Anerkennung. So setzt sich die negative Entwicklung weiter fort, wenn der Teufelskreis nicht durchbrochen wird. Also besteht die Aufgabe darin, neben Begabungsausstattung und Intelligenzprofil des Kindes die Bedingungen zu klären und – wenn möglich – zu schaffen, unter denen seine Leistungsfähigkeit wirksam werden kann.

Intelligenz und Lernstrategien

Wenn ein Schüler oder eine Schülerin bereits eine ängstliche Misserfolgserwartung hat, bedarf es einer entspannten Untersuchungsatmosphäre, um bei einem Intelligenztest zu aussagekräftigen Ergebnissen zu kommen. Das Kind braucht vor der eigentlichen Intelligenzmessung eine Gewöhnung an den Untersuchungsraum und den erfahrenen Testleiter. Es sollte die positive Erfahrung machen, welch passendes Ergebnis es in angstfreier Atmosphäre und vertrauter Umgebung erzielen kann. Das Kind erfährt vorher, dass der Testvorgang nicht schulisches Können abprüft, sondern für den Schulerfolg wichtige Basisfähigkeiten wie beispielsweise logisches Denken und Arbeitsgedächtnis ermittelt. Der Testleiter oder die Testleiterin beobachtet kontinuierlich, ob das Kind im Testverlauf gut auf die gestellten Aufgaben fokussieren kann oder etwa in körperliche Unruhe gerät und sich von Umgebungsreizen ablenken lässt, vielleicht vor der Zeit aufgibt und keine Neigung zur Überprüfung der einzelnen Lösungen zeigt. Die Beobachtung von Arbeitsstil und eingesetzten Strategien geben zusätzliche wichtige Informationen darüber, wie das Ergebnis zustande gekommen ist.

Fallbeispiel: »Nein, ich sehe mir meine Ergebnisse nicht mehr an!«

Der achtjährige Niklas wird wegen nachlassender Leistungsfähigkeit in der Schule vorgestellt. Da seine Begabungsausstattung noch nicht gemessen wurde, wird im Rahmen des Kennenlernens des Kindes nach einem Kontaktaufbau in zwei Sitzungen innerhalb der dritten Sitzung ein zum Alter passender Intelligenztest durchgeführt. Niklas nimmt die Herausforderung ohne Probleme an und bemüht sich sehr konzentriert um eine gute Bearbeitung der Aufgaben. Dabei fällt auf, dass er in den Untertests, in denen ein relativ großer Zeitrahmen zur Verfügung steht, ausgesprochen schnell fertig ist. Auf die fragende Aufforderung, die Ergebnisse noch einmal zu überprüfen, weil noch sehr viel Zeit dafür übrig ist, reagiert er strikt ablehnend. Er wirkt ungeduldig und es scheint »unter seiner Würde« zu sein, bereits Erledigtes noch einmal anzusehen.

Jüngere Kinder haben es oft noch nicht gelernt oder lernen können, dass für ein gutes Ergebnis Lernstrategien hilfreich sind. Eine davon ist, eigene Ergebnisse zu kontrollieren. Gerade gut begabte Kinder, die in der Lage sind, ohne Schwierigkeiten Neues aufzunehmen und wiederzugeben, können sich nicht vorstellen, dass eine Kontrolle ihrer Leistungen nötig sein könnte. Was sie getan haben, muss gut sein und bedarf keiner Korrektur, ansonsten wären ihre Leistungen ja »schlecht«. Hier kann es sehr hilfreich sein, beispielsweise über eine Lerntherapie den Kindern die Möglichkeit zu eröffnen, sich selbst überprüfen zu lernen, ohne sich dabei als Versager, sondern eher als kompetent zu fühlen.

Für die verlässliche Ermittlung der Begabungsausstattung stehen bewährte Verfahren mit unterschiedlicher Messgenauigkeit zur Verfügung, deren Ergebnis in Form des sogenannten Intelligenzquotienten (IQ) zur Vorhersage des möglichen Schulerfolgs bedeutsam ist. IQ-Werte zwischen 85 und 115 bezeichnen eine durchschnittliche Begabung. Unterhalb eines IQ-Wertes von 85 kann ein Kind die Anforderungen der Regelschule nur schwer erfüllen, oberhalb eines IQ-Wertes von 115 sollte ohne Schwierigkeiten eine gymnasiale Laufbahn möglich sein.

Bei Grundschülern bis zum achten Lebensjahr geben sprachfreie Verfahren ausreichenden Überblick über die bestehende Begabungsausstattung.

Ausgleich von Teilleistungsstörungen

Spätestens in den ersten Wochen nach der Einschulung sollten Teilleistungsstörungen abgeklärt sein, die bei ausreichender Begabungsausstattung den Schulerfolg massiv einschränken können. Von größter Bedeutung sind unter anderem Schwierigkeiten beim Umgang mit der geschriebenen Sprache, Probleme mit dem Erkennen von gesprochenen Wörtern und mit der Feinabstimmung von Sehen und Bewegungen der Hände (Auge-Hand-Koordination). Abhilfe schaffen dann spezifische heilpädagogische Verfahren wie eine logopädische und ergotherapeutische Behandlung mit Einschluss eines Trainings der Feinmotorik und Wahrnehmungsfähigkeiten.

Die nachstehende Abbildung 3 erläutert schematisch heilpädagogische Arbeitsweisen bei rezeptiven und expressiven Lernstörungen, wenn die einzelnen Wahrnehmungsweisen Fühlen, Hören und Sehen oder die Äußerungsmöglichkeiten mittels der Abstimmung von reguliertem Bewegen, Sehen und Sprechen beeinträchtigt sind.

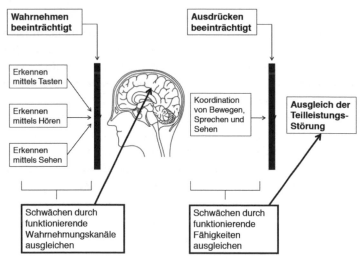

Abbildung 3: Heilpädagogische Arbeitsweisen bei Teilleistungsstörungen (aus Bonney, 2013)

Wahrnehmen und Handeln stehen in Wechselbeziehungen: Jede zielgerichtete Aktion hat eine Wahrnehmung zur Voraussetzung und wird durch eine Sinneswahrnehmung gesteuert. Erfolgreiches Lernen benötigt das ungestörte Funktionieren der dafür wichtigsten Sinne: Fühlen, Hören und Sehen. Während dies unmittelbar einleuchtet, ist es aber auch eine Tatsache, dass gut abgestimmte Bewegungen ebenfalls von der Sinnesgesundheit abhängen. Umgekehrt funktionieren die genannten Sinne nur dann störungsfrei, wenn dem Kind fein regulierte Bewegungsabläufe möglich sind. Diese gegenseitige Funktionsabhängigkeit ist jeweils zu betrachten, wenn das Kind Lernstörungen zeigt. Spezialkenntnisse auf diesem Gebiet besitzen die Ergotherapie und die Psychomotorik; beide können solche Basisfunktionen verbessern.

Hingewiesen sei hier ferner auf die bekannte gegenseitige Abhängigkeit von Fühlen/Gefühlen und Denken. Das gilt nicht nur in seelisch belastenden extremen Situationen, sondern auch im Alltag, der normalerweise frei ist von großen Ängsten, Stress oder Trauer. Erfolgreiche Lernübungen haben zur Voraussetzung, dass der Bereich der Gefühle berücksichtigt wird.

Zugleich ist der Wahrnehmungsvorgang von einer Bewegungsaktivität abhängig. Unsere Finger liefern zum Beispiel Angaben zur Beschaffenheit eines Stoffes, indem wir sie auf der Oberfläche hin und her bewegen. Unsere Augenbewegungen liefern uns ein vollständiges Bild von einem betrachteten Gegenstand, und wenn wir genau hören wollen – A. Tomatis (1990) nennt diese Bemühung »horchen« – bewegen wir unser Ohr zur Schallquelle hin. Ist eine dieser Wahrnehmungsmöglichkeiten beeinträchtigt und liefert keine vollständige Information, dann können andere Sinne beim Erkennen helfen. Wenn wir zum Beispiel im Dunkeln nicht gut sehen können, tasten wir uns durch den Raum; wenn wir gesprochene Wörter nicht erkennen, hilft es, das geschriebene Wort zu lesen oder erklärende Gesten eines Gegenübers zu sehen; wenn wir uns auf schwierigem Gelände nicht auf die Steuerung der Fußbewegungen durch das Gefühl verlassen können, hilft es, wenn uns jemand sagt, wie wir unsere Füße setzen sollen. Diesen Prinzipien entsprechend ermöglicht eine der bestehenden Lernschwierigkeit angepasste heilpädagogische Arbeit, Teilleistungsstörungen auszugleichen und schließlich zu überwinden. Ist das noch nicht getan worden, bleibt ein ausreichend intelligentes Kind unter seiner gegebenen Leistungsfähigkeit.

Schlechte Noten trotz exzellenter Begabung

Wie wir aus dem folgenden Fallbeispiel sehen, führt sehr hohe Intelligenz nicht automatisch zu guten schulischen Leistungen.

Fallbeispiel: »Es klappt nicht mehr.«
Der zehnjährige Karl glänzte in der Grundschule mit guten Leistungen
und präsentiert in der ersten Gymnasialklasse plötzlich miserable
Noten. Damit stürzt er seine Eltern in große Befürchtungen und die
Lehrer in tiefe Zweifel an seinen Fähigkeiten. Karl hatte sich schnell
entwickelt und schon vor der Einschulung ein ausgeprägtes Interesse
an Buchstaben und Zahlen gezeigt. In der Grundschule bewältigte er
alle Anforderungen mit links, benötigte nur sehr wenig Zeit für die
Erledigung der Hausaufgaben und überzeugte durch seine Kreativität. Jetzt aber erscheint er gequält, immer im Rückstand, verweigert
zunehmend die Hausaufgaben, wirkt traurig verstimmt und scheint
den Anschluss an die Mitschüler in seiner Klasse zu verlieren. Er spielt
einerseits lieber mit viel jüngeren Kindern, sucht aber andererseits den
Kontakt zu älteren Kindern und Erwachsenen. Da eine Testung einen
IQ von 130 ermittelt, wird Karl nun mangelnde Anstrengungsbereitschaft zugeschrieben.

Gerade überdurchschnittlich intelligente Kinder erleben die Anforderungen in der Grundschule in der Regel als leicht. Die guten
Bewertungen ihrer Leistungen werden ohne Anstrengung erzielt.
Spezifische Lernstrategien müssen gar nicht erworben und entwickelt werden. Das ändert sich im Gymnasium. Die Lösung der dort
gestellten Aufgaben verlangt Anstrengung und verfügbare Strategien. Sehr gut begabte Kinder, die diese Fähigkeiten nicht entwickelt haben, weil sie sie bislang nicht benötigten, können nun zu
einer schlechten Selbstbewertung gelangen. Sie denken schlecht über
sich und ihre Fähigkeiten, wenn sie sich plötzlich anstrengen müssen, um gute Ergebnisse zu erzielen. Um dieses Gefühl zu vermeiden, versuchen sie der geforderten Anstrengung zu entgehen. Wenn
daraus eine Entwertung durch Lehrer und Eltern resultiert, sehen
sich diese Kinder in der von ihnen empfundenen Minderwertigkeit
bestätigt. So beginnt ein Teufelskreis aus Leistungsverweigerung
und von Traurigkeit begleiteter zunehmender Selbstentwertung. Ein
Teil der Lösung für dieses Problem ist, dem Kind Anerkennungserfahrungen zu ermöglichen. Darüber hinaus ist es gleichzeitig nötig,
dem Kind Lernstrategien zur Bewältigung intellektueller Herausforderungen zu vermitteln.

Verfügbarkeit der Begabung

Mit einem stark motorisierten Auto kann man schneller fahren und beschleunigen, sich aber auch langsamer bewegen, wenn man das möchte oder wenn die Gegebenheiten des Verkehrs es erfordern. Es gilt aber auch, dass der Fahrer die Leistungsfähigkeit seines Autos nicht nutzen kann, wenn er aktuell körperlich oder seelisch dazu nicht in der Lage ist.

Auch das Denken ist an bestimmte seelische und körperliche Voraussetzungen gebunden. Seelische Störungen können ebenso wie eine eingeschränkte körperliche Gesundheit die Denkfähigkeit beeinflussen oder vermindern. Kinder sind auf eine sie fördernde und schützende Einbettung in eine Familie, die »gut genug« ist, angewiesen. Sie benötigen die Erfahrung von Zugehörigkeit und eine Einbindung in ein soziales Netz, in dem sie sich als willkommen und wirksam erleben. Zeigt sich ein mangelnder Schulerfolg, ist bei bestätigter ausreichender Intelligenz zu prüfen, welche seelischen, körperlichen und sozialen – auch schulischen – Bedingungen möglicherweise die Verfügbarkeit der Begabung einschränken.

Grundsätzlich beeinflussen alle seelischen Störungen beziehungsweise Irritationen im Kindes- und Jugendalter die Verfügbarkeit der Begabung, sei sie nun ausreichend oder überdurchschnittlich ausgeprägt. In diesem Buch geht es ausschließlich um solche Störungen, die keine stationäre psychiatrische oder psychotherapeutische Behandlung erfordern, die also das Leben in der Familie und den Schulbesuch erlauben. Die hier behandelten seelischen Belastungen zu entdecken, erscheint deshalb so bedeutungsvoll, weil sie möglicherweise wenig auffallen, aber erheblichen Einfluss auf den Schulerfolg haben können.

Erfahrungen von Entwertung und Verlust, Angst vor Verlust oder unpassende Übernahme von Verantwortung können die seelische Verfassung eines Kindes oder Jugendlichen dermaßen verstören, dass die Bewältigung der schulischen Anforderungen kaum oder gar nicht mehr gelingt.

Fallbeispiel: Entwertung (1)

Lena besucht die erste Klasse des Gymnasiums. Ihre Mutter ist alleinerziehende Grundschullehrerin. Sie befürchtet, ihre Tochter könnte trotz guter Leistungen in der Grundschule das Abitur nicht schaffen. Als Lena die erste schlecht benotete Mathematikarbeit nach Hause bringt, macht sie ihr Vorhaltungen und teilt ihr ihre Befürchtungen mit. Sie verlangt von Lena zusätzliches Üben, damit sie das Klassenziel überhaupt erreicht. Lena gerät in Panik und fühlt sich nun vor jeder neuen Aufgabe vollends blockiert.

Fallbeispiel: Entwertung (2)

Der 13-jährige Ludwig ist ein künstlerisch begabter Junge, der sich nicht für Sport interessiert. Er bekommt seit Beginn der Gymnasialzeit zunehmend schlechte Zensuren in den Kernfächern. Sein Vater war als Jugendlicher ein sehr guter Sportler, hat aber nur mit Mühe ein passables Abitur geschafft, sich letztlich aber eine gute Position in einem Industrieunternehmen erarbeitet. Er macht dem Sohn Vorhaltungen, weil er keinen sportlichen Ehrgeiz zeige, und will damit dessen derzeitigen schwachen Schulerfolg begründen. Ludwig erfüllen die Entwertungen durch seinen Vater, der ihm keine Anerkennung für seine Kreativität zollen kann, mit tiefer Enttäuschung und Trauer. Seine Leistungsverweigerung nimmt zu.

Fallbeispiel: Entwertung und Verlust

Die Eltern des achtjährigen Johannes sind seit sechs Jahren getrennt und lebten über lange Zeit eine gut funktionierende und störungsfreie Besuchsregelung. Die neue Ehefrau des Vaters verhielt sich gegenüber Johannes annehmend, sogar liebevoll. Vor einem Jahr wurde die aus der neuen Verbindung des Vaters stammende Halbschwester Clara geboren. Obwohl Johannes sie stets gut behandelte, entwickelte ihre Mutter Vorbehalte gegen die Besuche von Johannes, verlangt plötzlich, die Kontakte zwischen Johannes und seinem Vater sollten besser unterbleiben, weil sie der neuen Familie nicht guttäten. Der Vater »gehorcht« um des lieben Friedens willen seiner Frau und stoppt die Kontakte zu seinem Sohn. Wegen der damit verbundenen Entwertung durch den Vater ist Johannes so irritiert, dass er den schulischen Anforderungen nicht mehr entspricht.

Fallbeispiel: Verlust

Michael versagt im zweiten Halbjahr der ersten Klasse plötzlich ganz und gar. Da er sich zunächst als tüchtiger Schüler gezeigt hatte, zweifeln seine Lehrer nun an seiner Begabung und nehmen jetzt eine offensichtlich werdende Aufmerksamkeitsproblematik an. Sie erfahren nichts vom plötzlichen Tod des alten Hundes der Familie, mit dem vor allem die Eltern nicht zurechtkommen. Der Vater hat sich weitgehend von der Familie in sein Arbeitszimmer zurückgezogen. Die Erinnerung an den plötzlichen Kindstod der ersten Tochter der Familie flammt in ihm auf und schränkt seine seelische Verfügbarkeit für den Sohn so ein, dass er auf Michaels Trauer nicht mit Verständnis reagieren kann.

Fallbeispiel: Drohender Verlust
Die achtjährige Consuela lebt seit ihrem zweiten Lebensjahr als Adoptivkind bei ihren deutschen Eltern. Der 54-jährige Vater steht beruflich in höchster Verantwortung und erlebt in seiner Firma sehr wenig Unterstützung durch seine Mitarbeiter. Gesundheitlich geht es ihm nicht gut, er hat sich bereits mehrfach Untersuchungen seines Herzens unterziehen müssen. Als die Mutter gerade einmal nicht in der Wohnung ist, findet Consuela ihren Vater scheinbar leblos im Wohnzimmer. Der Vater kehrt nach kurzem Krankenhausaufenthalt wiederhergestellt in die Familie zurück. Das Mädchen erscheint seit diesem Erlebnis aber in der Schule abwesend und unfähig zur Mitarbeit. Die Lehrerin erhält keine Information über die dramatische Erfahrung ihrer Schülerin und nimmt gegenüber Consuela eine sie abwertende Haltung ein, woraufhin diese nun vollkommen versagt.

Diese Fallbeispiele verdeutlichen Formen der seelischen Verstörung, die durch den psychiatrischen Diagnosenkatalog nicht erfasst sind. Sie nehmen aber großen Einfluss auch auf das schulische Leistungsvermögen der Kinder und Jugendlichen. Dem mangelnden Lernerfolg ist eben nicht hilfreich zu begegnen, indem man das Kind zu vermehrter Anstrengung auffordert. Die jeweils gegebene Problemsituation aufzulösen, verlangt die wirksame Kooperation von Elternhaus und Schule, wenn nötig unter Einbeziehung psychotherapeutischer Helfer.

Ein kurzer Ausflug in die Neurobiologie: Wenn uns eine Aufgabe gelungen ist, spüren wir Energie und Anstrengungsbereitschaft, uns der nächsten Herausforderung zu stellen oder sogar neue Bewährungsmöglichkeiten zu suchen. Die neurobiologische Forschung beschreibt die Einflüsse von Selbst- und Fremdanerkennung auf den Hirnstoffwechsel: Das auch im Zusammenhang mit Erklärungen für Aufmerksamkeitsstörungen genannte Dopamin fungiert nicht nur als Botenstoff, sondern hat entscheidende Wirkung auf Wachstumsprozesse in bestimmten Zellverbänden des Gehirns, im dopaminergen System, das alle Gehirnregionen erreicht. Wenn wir Anerkennung erfahren, führt das zur Steigerung der Dopamin-Wirkung, und wir spüren die Kraft zu vermehrter Leistung. Umgekehrt vermindert die Erfahrung von Entwertung die Motivation, uns Aufgaben zu stellen und sie zu meistern. All das hat uns die alltägliche Erfahrung bereits gelehrt, ohne dass wir auf neurobiologische Kenntnisse zurückgreifen müssen. Kinder sind in höherem Maße als Erwachsene von der Anerkennung durch andere abhängig, weil sie noch nicht die nötige Selbstsicherheit besitzen, mit der sie ihre Leistungen beurteilen können. Fühlen sie sich zu Hause und in schulischen Zusammenhängen entwertet, reagieren sie nicht nur gekränkt oder traurig, vielmehr sinkt auch ihr Vertrauen in sich und ihre Leistungsbereitschaft und -möglichkeiten.

Auch wenn das irrational und unbegründet erscheinen mag: Gerade junge Kinder neigen dazu, sich selbst unbewusst für erfahrene Verluste verantwortlich zu machen. Sie gehen von einem Zusammenhang zwischen ihrem Wert und dem Verlust von etwas für sie Wichtigem aus. Typisch ist ein Satz wie dieser: »Wenn ich ein besseres Kind wäre, hätten sich meine Eltern nicht getrennt.« Sie vermindern auf diese Weise ihre Selbstanerkennung und versuchen reaktiv mit Energieeinsatz, den erfahrenen Verlust wettzumachen, weil sie wieder an ihren Wert glauben möchten. Erlebte Entwertung und einschneidender Verlust münden in eine gemeinsame Endstrecke: genereller Mangel an Energie und Motivation und zudem Einschränkung der Verfügbarkeit der Begabung.

Familiäre Wirklichkeiten und soziale Umstände

Die Bedeutung des familiären Geschehens für die seelische Gesundheit von Kindern wurde durch die amerikanische Familienforschung ab der Mitte des 20. Jahrhunderts und durch die dann folgenden europäischen Entwicklungen der verschiedenen Formen der Familientherapie/Systemischen Therapie seit Mitte der 1970er Jahre herausgearbeitet. Widrige familiäre Umstände können neben seelischen Störungen zu Beeinträchtigungen der schulischen Lernerfolge führen. So gesehen geht im Grunde nicht allein das Kind, sondern seine ganze Familie in die Schule. Das Kind trägt seine familiären und außerschulischen Erfahrungen in sich und bringt sie mit zum Lernort. Unter dem Einfluss der vielen mit dem familiären Geschehen verknüpften Gedanken und Gefühle, die gleichzeitig zu dem, was die Unterrichtsstunde gerade von ihm verlangt, in ihm wirksam sind, fällt es ihm dann möglicherweise schwer, seine Begabung zur Entfaltung zu bringen. Grundsätzlich ist zu beobachten, dass Kinder zur Verantwortungsübernahme für die Gemütslage ihrer Eltern bereit sind und sich damit überfordern.

Fallbeispiel: Verdeckte Ehekrise

Der zwölfjährige Hannes muss seit mehreren Wochen erleben, dass seine Mutter an den Sonntagen plötzlich in offensichtliche Atemnot gerät. Zusammen mit dem Vater und seinen Geschwistern steht er ängstlich und hilflos um die stöhnende Mutter herum. Der Vater zeigt keine verantwortliche Initiative. Also rennt Hannes los, um einen Arzt aus der Nachbarschaft zu rufen, dem die Beruhigung der körperlich gesunden Mutter gelingt. Hannes weiß nichts von der schweren Partnerschaftskrise seiner Eltern, die bisher noch keine Hilfe gesucht haben. Am Montag in der Schule verfolgen ihn die erschreckenden Bilder vom Sonntag. Er kann sich nicht konzentrieren und deshalb dem Unterricht nicht folgen.

Fallbeispiel: Mütterlicher Verzicht

Frau B. ist alleinerziehend. Bemüht um das finanzielle Auskommen ihrer Familie lebt sie bescheidener, als es eigentlich notwendig ist. Infolge ihrer hohen Verantwortungsbereitschaft legt sie höchsten Wert auf die Versorgung ihrer drei Kinder. Sie geht einer Ganztagsbeschäftigung nach und führt dazu ihren Haushalt mit Perfektion, verzichtet auf jede Annehmlichkeit für sich. Ihre 13-jährige Tochter Carla kann die große Anstrengung der Mutter und ihre nahezu demonstrative Verzichtshaltung, die jede Hilfe durch die Kinder zurückweist, kaum ertragen. Carla fürchtet das Zusammenbrechen der Mutter, mag nicht mehr genügend essen und denkt andauernd über mögliche Lösungen für die Mutter nach. Folglich kann sie im Unterricht nicht ausreichend präsent sein. Ihre schulischen Leistungen fallen ab.

Fallbeispiel: Primärer Verlust des Vaters

Die Eltern des 13-jährigen Anton haben sich kurz nach seiner Geburt getrennt. Er wächst bei seiner Mutter auf, die auch nach ihrer späteren Verheiratung mit einem seinerseits getrennten Mann und Vater zweier Kinder für den kontinuierlichen Kontakt ihres Sohnes mit seinem Vater sorgt. Das tut sie aus Überzeugung, obwohl sie ihre frühere Kränkung durch Antons Vater nicht bewältigt hat und ihn weiterhin in jeder Beziehung verabscheut. Anton ist sehr sensibel und kann die für ihn spürbare Verachtung der Mutter für seinen Vater zunehmend schlecht ertragen. Als er sich wegen abfallender Schulleistungen nun von seiner Mutter massiver kontrolliert und zu Leistungssteigerungen gedrängt sieht, zieht er zum Entsetzen seiner Mutter zu seinem Vater.

Fallbeispiel: Verstrickung in Geheimnisse

Herr M. kann seine Frau nicht mehr leiden. Er hat seine 14-jährige Tochter Maja in ein Geheimnis eingeweiht und sie auf Verschwiegenheit verpflichtet: Er hat sich verliebt, will aber die Familie erhalten. Maja weiß, dass die auf sie ohnehin sehr bedrückt wirkende Mutter die Affäre ihres Mannes nicht tolerieren und die Trennung verlangen würde, die ihre Verfassung weiter verschlechtern würde. Maja ist sehr gewissenhaft und stellt hohe moralische Anforderungen an sich selbst. Eigentlich möchte sie, dass ihre Eltern wieder zusammenfinden. Sie fühlt sich aber gebunden an ihr Wort gegenüber dem Vater, der sie zur Mitwisserin seiner Affäre gemacht hat. Um das Vertrauen zwischen den Eltern wieder herzustellen, müsste der Vater das Schweigegebot aufheben und sich selbst der Mutter erklären. Maja fühlt die seelische Belastung der nicht informierten Mutter; zugleich fürchtet sie den Vater zu verlieren, wenn sie das Geheimnis lüftet. Sorgenvoll in der Verstrickung verharrend kann sie nicht mehr lernen.

Fallbeispiel: Plötzliche Veränderung der Familiengröße

Die Eltern des achtjährigen Rudi konnten sich zwei Jahre zuvor mithilfe medizinischer Maßnahmen ihren weiteren Kinderwunsch erfüllen und bekommen frühgeborene Drillinge. Der eben eingeschulte Rudi kann die Anforderungen im Unterricht nicht mehr erfüllen. Er reagiert auf jede Aufgabenstellung mit »Nein!«, rennt oder krabbelt auf allen vieren in der Klasse herum und kotet und nässt ein. Die Eltern berichten der Lehrerin von ihrer Überforderung, die sie seit der Geburt der Drillinge spüren, und von der stundenweisen Entlastung, wenn Rudi in der Schule ist.

Fallbeispiel: Soziale Verpflanzung
Ercan, neun Jahre alt, ist in einem anatolischen Dorf aufgewachsen. Vor vier Jahren fand der Vater in Deutschland eine einträgliche Arbeit und zog zunächst allein dorthin. Auch wenn er nur sehr selten seine Familie besuchen konnte, war Ercan einigermaßen zufrieden. Zur Freude der Eltern können sie später mit den Kindern in Deutschland zusammenleben. Der intelligente Ercan lernt sehr schnell Deutsch und ist seiner ohne Deutschkenntnisse zu Hause bleibenden Mutter eine wichtige Hilfe. Aber er vermisst in Deutschland Freunde und zunehmend sein Dorf in Anatolien und die dort gebliebenen Großeltern. In ihm leben die Erinnerungsbilder an seine Heimat, wohin er sich mehr und mehr sehnt. Er ist im Unterricht kaum noch präsent und gerät in bedrohliche Schulschwierigkeiten.

Die ersten vier Beispiele beschreiben familiäre Wirklichkeiten als Lebensumstände von Kindern und Jugendlichen, die den Schulerfolg beeinträchtigen. Die Schülerinnen und Schüler sind in sie belastende Beziehungsprobleme ihrer Eltern verstrickt. Deshalb sind die hier skizzierten Lernstörungen durch eine vermehrte Anstrengung des Kindes nicht zu beheben. Ebenso können verstärkte Bemühungen der Lehrer dem mangelnden Schulerfolg nicht abhelfen. Erst wenn die Kinder aus diesen Verstrickungen befreit sind, eröffnet sich ihnen die Chance, sich den Herausforderungen in der Schule wieder erfolgreich zu stellen. Eine Einzeltherapie des belasteten und ggf. verstört wirkenden Kindes wird die Probleme kaum lösen können, weil erst die Veränderung der familiären Wirklichkeit den Boden für Schulerfolg herstellen kann.

Eine große Zahl von Schülern mit Migrationshintergrund hat Unterschiede der Wertsysteme zu bewältigen. In ihrer Familie werden die »alten« Werte weitergelebt und in der neuen Heimat beanspruchen die dortigen jetzt Geltung. Dieser Umstand fordert die Lehrer zum einfühlsamen und kompetenten Umgang mit ihnen auf, wenn sich der Schulerfolg nicht einstellen will. Hier ansässige Familien aus anderen Ländern verharren oft in ihrem Wunsch, in ihr Land zurückzukehren, auch wenn ihnen das Leben in der neuen Heimat recht gut gelingt. Die Kinder nehmen an den stillen Wünschen der Eltern teil und haben es bisweilen auch deshalb schwer, sich den schulischen Herausforderungen zu stellen (vgl. Kapitel »Lösungsschritte« und »Runde Tische«).

Körperliche Gesundheit

Erfolgreiches Lernen ist auch von körperlicher Gesundheit abhängig. In der Regel sichert eine gute kinderärztliche Versorgung das rechtzeitige Erkennen offensichtlicher Krankheiten und deren fundierte Behandlung. Dennoch soll hier auf körperliche Bedingungen hingewiesen werden, die, wenn sie übersehen werden oder chronisch verlaufen, Lernstörungen zur Folge haben können.

Nervensystem

Lernerfolg ist an ein gut funktionierendes Nervensystem gebunden. Neben schweren Erkrankungen wie Gehirnentzündungen, Epilepsien oder Tumoren müssen auch weniger bedrohliche Störungen abgeklärt werden, weil sie Aufmerksamkeit, Gedächtnisleistungen und Konzentrationsvermögen beeinträchtigen können.

Während kleine Kinder häufiger von Bauchschmerzen berichten, sind mit zunehmendem Alter Klagen über Kopfschmerzen zu hören. In solchen Fällen ist grundsätzlich zuerst nach körperlichen Ursachen zu forschen, auch wenn solche Schmerzerscheinungen zumeist im Zusammenhang mit Spannungen und Stress stehen. Beides kann dann vor allem dadurch reduziert werden, dass der Tagesablauf strukturiert gestaltet und dem individuellen Schlafbedürfnis des Kindes entsprochen wird. Wenn nötig, sollten hilfreiche Strategien eingeübt werden, mit denen nicht vermeidbarer Stress besser bewältigt werden kann.

Migräne kann in regelmäßigen Rhythmen auftreten, ohne dass spezifische Umwelteinflüsse erkennbar werden. Sie geht bisweilen mit länger andauernden quälenden Einflüssen auf die körperliche Gesamtverfassung einher und verlangt eine sorgfältige und vorsorgende Behandlung. Alle wiederkehrenden Schmerzerscheinungen können zu dramatischen Teufelskreisen mit massiven Einflüssen auf die Lebensgestaltung und damit auch auf die Lernfähigkeit führen.

Absencen sind kleine, bisweilen kaum bemerkbare Störungen der Gehirnfunktion, die das Bewusstsein kurzzeitig unterbrechen und damit auch die Konzentration stören. Eine Untersuchung mit dem EEG (Ableitung der elektrischen Hirnströme) klärt einen entsprechenden Verdacht. Für die Behandlung stehen ggf. wirksame Medikamente zur Verfügung.

Aufmerksamkeitsstörungen (ADHS/ADS)

Die moderne Neurobiologie vermutet als Ursache von Unaufmerksamkeit mit und ohne Bewegungsunruhe (ADHS und ADS) Besonderheiten im Gehirn und in dessen Stoffwechsel. Dass unaufmerksames Verhalten mittels bestimmter Arzneien (sogenannter Stimulanzien) rasch und kurzfristig zu beeinflussen ist, stützt diese Vermutung, die allerdings bis heute nicht bewiesen ist. Sicher ist, dass diese Medikamente keine Heilung bewirken, auch wenn viele Kinder unter dem Arzneimitteleinfluss für Stunden in der Schule und zu Hause aufmerksamer und konzentrierter erscheinen, leichter zu führen sind und sich ggf. ruhiger verhalten. Ein Grundschulkind kann nach den international gültigen Standards allein auf der Grundlage von Verhaltensbeobachtungen durch Eltern und Lehrer oder Erzieherinnen mit der Diagnose ADHS/ADS belegt werden. In dem Zusammenhang werden die Entwicklungsumstände des Kindes nicht berücksichtigt. Studien bemühen sich, eine genetische Komponente der Störung zu belegen. Andererseits konnte die Bedeutung von Anpassungsstörungen von Neugeborenen und bestimmter Familienkonstellationen für eine Entwicklung von ADHS im Grundschulalter herausgearbeitet werden. Forscher aus Bern (Tschacher et al., 2012) stellen in ihrer Studie infrage, ob ADHS/ADS überhaupt eine Krankheitskategorie ist oder ob es sich nicht eher um einen Persönlichkeitsstil handelt.

Eine berühmte Langzeituntersuchung an ca. 600 amerikanischen Kindern über einen Zeitraum von acht Jahren (Jensen, 2001, 2007,

2009) belegt die Wirksamkeit von psychologischen Behandlungen, während man anfangs von der Überlegenheit der Medikamentengabe ausgegangen war. Entsprechend gilt in den Ländern der Europäischen Union die in einer Richtlinie verankerte Vorschrift, dass grundsätzlich die Wirksamkeit von Erziehung, Psychotherapie und Unterstützung der Familien zu prüfen ist, bevor Medikamente zum Einsatz kommen dürfen.

Die nachstehenden Fallbeispiele zeigen Entwicklungsumstände und familiäre Gegebenheiten, die zu einer ADHS- oder ADS-Konstellation führten. Mit dem Begriff »Konstellation« soll betont werden, dass ein betroffenes Kind seine Störung in einem Beziehungsgefüge entwickelt hat oder aufrechterhält. Beteiligt sind zuerst die Familie, später dann die Schule und das weitere soziale Umfeld. Neben dem Kind leiden alle Erwachsenen, und in der Schule sind auch die Mitschülerinnen und Mitschüler betroffen. Im schlimmsten Fall leisten alle Beteiligten und ggf. auch hinzugezogene Helfer ihren Anteil an einer Chronifizierung und Verschlechterung der Aufmerksamkeitsproblematik des Kindes.

Fallbeispiel: »Wird auch Max sterben?«
Der neunjährige Max hat ADHS. Ein Jahr vor seiner Geburt starb sein Bruder an plötzlichem Kindstod. Deshalb wurde er als Säugling zu Hause mit einem Apparat zur Kontrolle seiner Atmung überwacht (sog. Home-Monitoring). Angesichts ihrer Erfahrungen bewerten die Eltern jede Äußerung seines Unwohlseins als mögliche Vorboten des befürchteten Unglücks: Auch Max könnte unerkannt krank sein und plötzlich sterben. Diese Befürchtung prägt ihr Verhalten gegenüber dem Säugling. Sie strengen sich sehr an, damit Max möglichst nie quengelt oder schreit. Später können sie dem Kleinkind keine Grenzen setzen, erfüllen ihm jeden Wunsch, möglichst bevor er ihn überhaupt äußert. Schon im Kindergarten zeigt sich Max massiv grenzenlos. Eingeschult kann er dort den strukturierten Anforderungen nicht entsprechen. Für ihn gilt nur, was er jetzt gerade will: Er folgt den Anweisungen in der Schule nicht, hört nicht zu, bleibt nicht auf seinem Platz, wenn er sich bewegen möchte. Seine Mutter erlebt ihn weiterhin als bedroht und versucht erfolglos, durch Zureden seine Einsicht in die gegebenen Anforderungen zu erreichen.

Fallbeispiel: »Wird unsere Mutter doch noch gesund?«

Fabian, 13 Jahre alt, fällt im Geigenunterricht auf, weil er dort unvermittelt abzuschalten scheint, obwohl er sehr gern ein guter Geiger werden will. Ähnliches berichten die Lehrer in seiner Schule. Er wirkt bisweilen abwesend, schaut aus dem Fenster oder verlässt unvermittelt und ohne zu fragen den Klassenraum, erreicht aber in den Arbeiten trotzdem die besten Ergebnisse. Auch die Eltern haben Mühe mit dem Kontakt zu Fabian, der kaum einmal wirklich zuzuhören scheint, wenn sie ihn ansprechen. Sein neunjähriger Bruder wirkt ähnlich, kommt allerdings trotz exzellenter Begabung kaum zu guten Leistungen. Deshalb wird er bereits mit Medikamenten (sog. Stimulanzien) behandelt. Der siebenjährige dritte Bruder ist bisher unauffällig. Unmittelbar nach dessen Geburt erkrankte die Mutter an einer nicht sicher heilbaren schmerzhaften Rheumaerkrankung mit Auswirkungen auf die Beweglichkeit der Finger. Deshalb kann sie ihren Beruf als Zahnärztin nicht mehr ausüben und muss auf das ihr wichtige Cello-Spielen verzichten. Die beiden älteren Söhne sind in Gedanken ständig mit der Gesundheit ihrer Mutter befasst. Sie sehen, dass ihr bisher auch mit Arzneien nicht zu helfen war, die zudem ernste Nebenwirkungen haben. Beide Brüder können ihre Aufmerksamkeit nicht kontinuierlich aufrechterhalten. Sie langweilen sich schnell, wenn es nichts Aufregendes gibt, suchen ständig nach Anregungen, die ihre chronischen Ängste und Befürchtungen um die Gesundheit ihrer Mutter überdecken. Die Mutter ihrerseits befürchtet, wegen ihrer Krankheit den Kindern nicht zu genügen, und traut sich seit mehreren Jahren kaum noch, Anforderungen an sie zu stellen.

Fallbeispiel: »Warum schreit Benjamin nur so schrecklich?«

Der sechsjährige Benjamin hat eine Odyssee von Arztbesuchen hinter sich. Er war nicht nur ein sogenanntes Schreibaby, sondern schrie, so haben es zumindest seine Eltern erlebt, bis zum Ende seines dritten Lebensjahres ununterbrochen. Beide Eltern konnten schon das Schreien des Säuglings nicht aushalten. Sie drückten dann jeweils dem anderen Elternteil das Kind in den Arm und verließen die Wohnung. Sie waren nicht zu einem passenden Verhalten dem Baby gegenüber in der Lage. Benjamin konnte daher nicht damit rechnen, dass sich seine Eltern ihm ganz zuwenden würden oder ihm mit der nötigen Feinfühligkeit begegneten. So entwickelte er keine sichere Bindung an seine Eltern und verblieb in ständiger Suche nach Geborgenheit und Sicherheit, zeigte sich dabei im Kindergarten und zu Hause grenzenlos, sehr unruhig und war kaum in der Lage, zuzuhören oder Anweisungen zu befolgen.

Kein Kind wird mit ADHS/ADS geboren. Hat es eine Aufmerksamkeitsstörung entwickelt, sind Hilfestellungen unverzichtbar. Die zu Hilfe gerufenen Personen handeln abhängig von ihrer Erfahrung und ihrem theoretischen Verständnis. Manche begnügen sich mit allein auf das Kind bezogenen Maßnahmen, andere berücksichtigen die aktuellen Lebensumstände des Kindes. Kinder, die an Aufmerksamkeitsstörungen leiden, können den Anforderungen der Schule kaum genügen. Die Behandlungswirklichkeit beschränkt sich gegenwärtig in den meisten Fällen auf die Verschreibung von Medikamenten. Die Anpassung pädagogischer Handlungsweisen in der Schule und eine psychotherapeutische Behandlung unter Einbeziehung der Familie können jedoch zu einer bleibenden Verbesserung der Aufmerksamkeitsleistungen führen. Eine Richtung der neurobiologischen Forschung kann inzwischen den Wirkmechanismus dieser Heilmaßnahmen erklären: Jede Lernerfahrung des Kindes im Zusammenhang mit der pädagogischen Arbeit in Schule und Elternhaus und in Verbindung mit psychotherapeutischen Verfahren wirkt sich günstig auf die Gehirnentwicklung aus. Dadurch verbessern sich solche Gehirnfunktionen, die zur Handlungsplanung und Kontrolle der Impulsivität unverzichtbar sind.

Rückschritte ins Kleinkindalter

Die intellektuelle Begabung steht dem Lernerfolg nur dann zur Verfügung, wenn das Schulkind die altersgemäße seelische Reife und Selbstständigkeit entwickelt hat. So kann beispielsweise ein Kind Eltern und Lehrer einmal mit seinen spontanen, sprühenden Intelligenzleistungen überzeugen, erscheint aber ein anderes Mal, wenn es Lernanforderungen bewältigen soll, dazu unfähig wie ein wesentlich jüngeres Kind. Die folgenden Fallskizzen erläutern beispielhaft verschiedene Formen solcher Störungen der harmonischen Entwicklung.

Fallbeispiel: Bindungsunsicherheit
Eylül ist körperlich gut entwickelt und steht als sechsjähriges Kindergartenkind vor der Einschulung. Zu Hause erscheint sie gut begabt und beweist dies in Anwesenheit ihrer Mutter im Intelligenztest. Den schon schulbezogenen Lernanforderungen im letzten Kindergartenjahr kann sie jedoch nicht nachkommen. Sie bricht die dort vorgelegten Aufgaben jeweils nach kurzer Zeit ab und möchte sich lieber mit selbst gewählten kleinkindhaften Spielen beschäftigen. Beide Eltern sind ganztags berufstätig. Auch die Mutter nahm bald nach der Geburt von Eylül ihre anspruchsvolle Arbeit wieder auf. Sie organisierte die Tagesbetreuung ihrer Tochter mithilfe verschiedener Personen aus dem Familienkreis und gab das Kind mit zweieinhalb Jahren in eine Spielgruppe. Beide Eltern konnten Eylül immer erst gegen Abend zu sich in die Familienwohnung holen. Als Folge der für die Familie notwendigen Wechselbetreuung ihrer Tochter entwickelte sich eine Bindungsunsicherheit, die sich auch in einer partiellen Unreife ausdrückt. Dem Mädchen steht ihre Intelligenz in der Anwesenheit der Eltern zur Verfügung, weit weniger aber, wenn diese abwesend sind.

Fallbeispiel: Ereigniszeit und Uhrzeit
Der siebenjährige Joshua überrascht die Eltern mit seiner Fähigkeit, sich mit erstaunlicher Ausdauer mit komplizierten technischen Spielaufgaben zu beschäftigen. Er genießt offensichtlich das Spiel und legt weniger Wert darauf, zum Ziel zu kommen. Eingeschult begegnet er nun einer Lernkultur, die von ihm verlangt, sein Tun im Takt der Uhrzeit zu organisieren und Leistungen innerhalb der vorgegebenen Zeit abzuliefern. Kontakt zu seinen Mitschülern ist ihm aber wichtiger, als an Lernzielen zu arbeiten. Er hat den Schritt von einem Leben in der Ereigniszeit in das von der Uhrzeit bestimmte und ergebnisorientierte Handeln noch nicht vollzogen.

Fallbeispiel: Unvollständige Blasenkontrolle
Bereits mit drei Jahren war Karl vollkommen sauber. In der Schule hatte der jetzt achtjährige Junge bisher gute Ergebnisse gezeigt. Zur Überraschung der Lehrerin kommt Karl den schulischen Anforderungen auf einmal nicht mehr nach. Auch die Mitschüler bemerken seinen Geruch nach Urin und entdecken bald nasse Flecken auf seiner Hose.

Die Lehrerin erkundigt sich bei der Mutter nach möglichen Gründen für das plötzlich aufgetretene Einnässen und hört von der aktuellen Trennung der Eltern. Karl lutscht zu Hause nun wieder am Daumen und will nachts regelmäßig im Bett der Mutter schlafen. Die Mutter erlebt ihn wie ein Kleinkind und schafft es kaum, ihn zur Schule zu schicken.

Die Entwicklungspsychologinnen Smith und Thelen (1994) belegen, dass Reflexe auch bei gesunden Säuglingen mit altersgemäß gereiftem Nervensystem wieder auslösbar sind, nachdem sie als bereits gelöscht gelten. Sie zeigen somit die Wirkung der Umgebungsumstände auch für körperliche Reaktionen auf. In seinem Buch »Der Mensch ist kein Wägelchen« (1992) weist der Gestaltpsychologe Portele darauf hin, dass die psychosoziale Entwicklung nicht nach mechanischen Regeln geschieht. Was schon erreicht und gelungen erscheint, kann wieder abhandenkommen, auch wenn die körperlichen Grundlagen gegeben sind und im Prinzip eine ungestörte Entwicklung und verlässliche Leistungen ermöglichen. So muss es nicht verwundern, wenn auch Schulkinder partielle und kurzzeitige Rückschritte in ein viel jüngeres Alter zeigen, in deren Folge ihnen die geforderten Schulleistungen nicht mehr oder nur unzureichend möglich sind. Wenn körperliche Gesundheit besteht, erfolgen solche Rückschritte als Reaktion auf Veränderungen in ihrem Umfeld. In solchen Entwicklungsphasen wird einem Training von kognitiven Fähigkeiten kein Erfolg beschieden sein.

Levine, Broermann und Schuler haben eine dankenswerte Studie über Kulturunterschiede im Zeiterleben und den Umgang mit Zeit vorgelegt (1999). Aus ihren Forschungsergebnissen ist abzuleiten, warum junge Kinder, die bisher das Erleben von Ereignissen, die »Ereigniszeit«, gewöhnt waren, große Schwierigkeiten zeigen können, wenn für sie ab der Einschulung nun die Uhrzeit gilt. Wenn eine Lernstörung zu klären ist, prüfen wir, inwieweit den Kindern der Umgang mit der Uhrzeit gelingt: Verharren sie noch in der Ereigniszeit oder schaffen sie es, ihr Leben nach der Uhrzeit zu richten? Für Joshua im oben aufgeführten Beispiel gilt noch die Ereigniszeit. Mit Einfühlsamkeit kann er die unterschiedlichen Bedeutungen von Spiel und Ernst verstehen lernen.

Klärung von Leistungsschwächen

Zur Klärung von schulischen Leistungsschwächen fokussieren wir zunächst auf medizinische, entwicklungspsychologische und familiendynamische Schwerpunkte:
- körperliche Verfassung/Gesundheit mit Sinnes- und Gehirnfunktionen,
- Intelligenzniveau,
- seelische Verfassung/Gesundheit,
- soziales Funktionsniveau,
- familiäre Gegebenheiten.

Erweisen sich die oben bezeichneten Bereiche als unproblematisch, wird der Blick zum umfassenderen Verständnis der Lernproblematik auf die sozialen Gegebenheiten in der Schule und auf die soziale Integration dort gerichtet.

Treten schulische Leistungsmängel erst einmal auf, schlagen die emotionalen Wellen hoch: »Was soll denn aus unserem Kind werden?«, sorgen sich Eltern. »Ist die Schule, der Lehrer schuld?« Um sich selbst von ihrer Verantwortung zu entlasten, werden von den Eltern oft die Lehrerinnen und Lehrer oder die Schule verantwortlich gemacht. Das Kind fürchtet sich vor Schuldzuweisungen der Eltern. Auf der anderen Seite kann die Überzeugung des Lehrers beispielsweise lauten: »In einem solchen Elternhaus kann aus dem Kind nichts werden!«

Wenn im Verlauf der Schulkarriere Leistungsmängel deutlich werden, sollten zuerst die Gesundheit des Kindes und seine Ausstattung mit den Fähigkeiten, die für den Lernerfolg in der Schule notwendig sind, geprüft werden, bevor eine psychologische Perspektive zur Erklärung zum Tragen kommt. Es kann sein, dass Angst, Betroffenheit und Befürchtungen der Eltern und auch der Kinder sie daran hindern, die Lernvoraussetzungen überprüfen zu lassen. Auf der anderen Seite mag es auch Lehrer geben, die vor dem Hintergrund ihrer Erfahrung von grundlegenden Schwächen der Kinder überzeugt sind und daher eine rationale Abklärung der kindlichen Begabung für überflüssig halten. Alle Beteiligten sollten sich in solch einer Situation vergegenwärtigen, wie gern die eigenen Vermutungen, die zu Interpretationen führen, noch nicht gewonnene Erkenntnisse vorwegnehmen und damit eine Lösungsfindung be- oder verhindern. Die Überprüfung der Lernvoraussetzungen ist ein Weg aus dem bedrückenden Dschungel der Befürchtungen und wechselseitigen Vorwürfe. Kinder im Stress des Leistungsmangels entwickeln bisweilen körperliche Beschwerden wie Kopf- und Bauchschmerzen, dazu Schlafstörungen, die zusammen mit den Lernproblemen einen Teufelskreis ausbilden können, der durchbrochen werden kann, nachdem eine körperliche Untersuchung durch den Kinder- oder Hausarzt ergeben hat, dass es keinen ernsten körperlich bedingten Befund gibt. Auf behandlungsbedürftige Störungen der körperlichen Gesundheit wurde bereits hingewiesen.

Die sichere Feststellung der körperlichen Gesundheit ist wichtig, denn testpsychologische Untersuchungen durch eine fachkompetente Stelle sollten nur mit einem körperlich gesunden Kind und, wenn möglich, in einer dem Kind bekannten und vertrauten Institution durchgeführt werden. Wenn zum Beispiel eine von der Schule beauftrage Person, etwa ein Beratungslehrer, das Kind aus dem Unterricht herausholt und es ohne Kenntnis der Eltern testet, sind die so ermittelten Testergebnisse nicht sehr verlässlich.

Die bekannten Testinstrumente können eine zu den schulischen Anforderungen passende Grundintelligenz und ggf. davon abweichende Leistungsstörungen in einzelnen Gebieten ermitteln. Die Diagnose einer Teilleistungsstörung, zum Beispiel Schwierigkeiten beim Umgang mit der geschriebenen Sprache oder beim Rechnen, eröffnet den Weg zu heilpädagogischen Unterstützungen.

Wenn den Eltern und dem Kind dessen ausreichende Grundintelligenz belegt wird, können die Zukunftssorgen abgeschwächt und vermutlich auch der Blick des Lehrers oder der Lehrerin auf das Kind verändert werden. Ist ein Lehrer angesichts der Leistungsschwäche des Kindes zunächst von dessen Minderbegabung ausgegangen, kann er ihm nun mit erweitertem Verständnis begegnen, ihm Anerkennung für seine Anstrengungen zollen und damit die Misserfolgserwartung des Kindes abschwächen.

Häufig passiert es zur Überraschung der Eltern und Lehrer, dass sich trotz momentan auftretender Leistungsmängel die Begabung des Kindes im Intelligenztest als durchaus ausreichend oder sogar hoch erweist. In solchen Fällen ist die Begabung für die Lernprozesse derzeit nicht angemessen verfügbar und die eingehende psychologische Untersuchung des Kindes und seiner Umgebung erscheint angezeigt.

Auf die Entwicklung von psychogenen Lernstörungen, das heißt Beeinträchtigungen des Lernens im Zusammenhang mit seelischen Irritationen, haben wir im Kapitel »Begabung und Leistung« hingewiesen: Als Folge von Entwertung statt Anerkennung durch das Elternhaus oder die Schule steht dem Kind die nötige Energie zur Bewältigung der schulischen Anforderungen nicht zur Verfügung. Hier kann sich ein Teufelskreis bilden, wenn die Lehrer oder die Eltern ihrem Kind nicht (mehr) vertrauen oder wenn Kinder selbst voll Misstrauen oder sehr unsicher und ängstlich sind, wenn es um Lernvorgänge und vor allem um Leistungsnachweise in Form von Tests oder Arbeiten geht. Führt dazu die Verstrickung des Kindes in ein belastendes familiäres Geschehen zu behandlungsbedürftigen seelischen Störungen, erfährt seine schulische Leistungsfähigkeit weitere Einschränkungen. Die im Kapitel »Begabung und Leistung« beschriebenen Fallbeispiele verdeutlichen solche Konstellationen. Therapeutische Wege zur Erarbeitung von Lösungen werden in den Kapiteln »Umgang mit der Informationsfülle: Ordnen und Strukturieren«, »Lösungsschritte« und »Runde Tische« beschrieben.

Abbildung 4 gibt einen Überblick über die zuvor benannten einzelnen Klärungsschritte bei Leistungsproblemen und die daraus folgenden Lösungskategorien. Hier noch einmal eine Zusammenfassung:

1. Körperliche Erkrankungen verlangen medizinische Behandlung, um die Gesundheit wiederherzustellen.
2. Bleibt bei körperlicher Gesundheit der Schulerfolg aus, wird die Grundintelligenz bestimmt.
3. Erweist sich die gemessene Intelligenz als sehr hoch, werden fehlende Lernstrategien vermittelt und/oder ggf. die Störungen der seelischen Voraussetzungen für ein erfolgreiches Lernen erkannt und behandelt.

4. Bei mangelnder Verfügbarkeit einer ausreichenden Begabung werden ebenfalls die Störungen der seelischen Voraussetzungen für ein erfolgreiches Lernens erkannt und behandelt.
5. Teilleistungsschwächen werden durch spezifische Lernhilfen ausgeglichen.
6. Geringere Intelligenz verlangt die Wahl der dazu passenden Schulform.

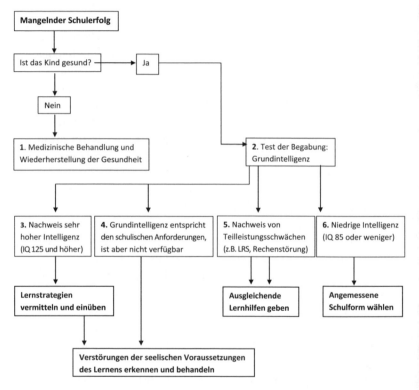

Abbildung 4: Vorgehensweise zur Abklärung von Leistungsmängeln

Wir haben bisher die Bedeutung von individuellen und familiären Faktoren für den Schulerfolg dargestellt und umrissen, welche Hilfestellungen je nach Analyse der Schwierigkeiten angezeigt sind. Im folgenden Kapitel werden in der Schule wirksame sozialpsychologische Prozesse beleuchtet.

Mangelnde soziale Integration

Wenn ein Kind mit der Einschulung der schulischen Lernkultur begegnet, steht es vor neuen Aufgaben, die im Klassenverband bewältigt werden müssen. Dadurch ergibt sich für das Kind die Notwendigkeit, sich in die soziale Struktur der Klasse einzufügen. Es soll die Lehrerin, den Lehrer, respektieren und sich am Verhalten der Mitschüler orientieren; reden, wenn es aufgefordert wird, und still sein, wenn es der Unterrichtsablauf oder die Lehrerin, der Lehrer, verlangen. Das Kind muss sein Bedürfnis nach Anerkennung durch die Lehrer den sozialen Gegebenheiten unterordnen und deren Zuwendung mit den Mitschülern teilen. Darüber hinaus wird das Kind sich zu einem Mitschüler eher hingezogen fühlen und einen anderen eher ablehnen. Und wenn sich bald nach Schulanfang kleinere Gruppen gebildet haben, wünscht es sich vielleicht die Zugehörigkeit zu einer Gruppe, die ihm aber nicht unbedingt eingeräumt wird. Vermisst das Kind die Anerkennung durch Lehrer und/oder Mitschüler, entwickelt es unter Umständen Störungsmuster, die das Klassengefüge belasten, die Lehrer herausfordern und seinen Schulerfolg beeinträchtigen.

Eine sogenannte Schulphobie, die manche Kinder entwickeln, verhindert die soziale Integration in die Klasse. Dieses schwere Störungsbild geht einher mit der Vermeidung des Schulbesuchs und entwickelt sich an der Schnittstelle zwischen Elternhaus und Schule. Maßnahmen allein seitens der Schule sind kaum hilfreich. Es ist die Kooperation von Eltern und Lehrern in höchster Intensität gefordert. Eine länger dauernde Vermeidung des Schulbesuchs veranlasst bisweilen die zuständige Schule, das Schulamt einzuschalten oder beim Jugendamt eine Gefährdungsmeldung einzureichen. Solch eine Aktivierung von Behörden kann den Beratungsprozess belasten, wenn diese sich zu Amtshandlungen herausgefordert sehen und am Zusammenwirken von Eltern, Schule und Beratern beziehungsweise Psychotherapeuten wenig Interesse zeigen. Ein stärker ausgeprägtes schulvermeidendes Verhalten scheint in den letzten Jahren an Häufigkeit zuzunehmen. Ihm wird ein eigenes Kapitel gewidmet (s. Kapitel »Vermeidung des Schulbesuchs – Fälle und Lösungsansätze«).

Zappelphilipp und Störenfried

Wenn ein Grundschulkind sich in der Klasse kaum an die geltenden Regeln hält, die Aufmerksamkeit der Mitschülerinnen und Mitschüler auf sich zieht, ungefragt redet oder nicht auf seinem Platz bleibt, wird es gern als Zappelphilipp bezeichnet. Entsprechend wird dann häufig von verschiedenen Seiten die Behandlung des Kindes gefordert – sei es von Lehrern, die Diagnosen ins Spiel bringen, von anderen Betreuern oder auch den Eltern oder Eltern von Mitschülern. Schnell ist von ADHS (Aufmerksamkeitsdefizit-Hyperaktivitätsstörung) die Rede. Zeigt das Kind aber außerhalb der Schule ein angemessenes Sozialverhalten, kann es nicht um ADHS gehen. Für eine ADHS-Klassifizierung gilt immer, dass das störende Verhalten in wenigstens zwei verschiedenen sozialen Situationen beobachtbar sein muss. Dies beachtend, muss in den zwei folgenden beschriebenen Fällen der Blick auf das soziale Geschehen in der Klasse gerichtet werden.

Fallbeispiel: Verspäteter Einstieg in die Klasse

Der siebenjährige Moritz kommt mitten im Schuljahr in die Klasse, nachdem seine Familie gerade von Hamburg umgezogen ist. Er vermisst seine früheren Freunde und sucht nun dringend Anschluss. Seit Schuljahresbeginn hatten seine neuen Mitschüler bereits viel gemeinsame Zeit, haben zum Teil engere Kontakte geknüpft und spielen in den Pausen miteinander. Sie laden den Neuen nicht zur Teilnahme ein und wollen auch an den Nachmittagen nicht mit ihm spielen. Daraufhin bringt sich Moritz in den Unterrichtsstunden ins Spiel, indem er um jeden Preis die Aufmerksamkeit der Mitschülerinnen und Mitschüler auf sich ziehen will. Geschickt gelingt es ihm, alle zum Lachen zu bringen und vom Unterrichtsgeschehen abzulenken. Während er nun im Unterrichtsverlauf scheinbar die Anerkennung seiner Klassenkameraden bekommt, bleibt er in den Pausen und an den Nachmittagen trotzdem allein. Seine verstärkten Anstrengungen, Freunde zu gewinnen, bleiben

ohne Erfolg. Er erreicht damit lediglich eine seine Gesamtsituation ver-
schlimmernde Ablehnung durch die Lehrer.

Fallbeispiel: Exzellente Begabung
Ruben war nicht davon abzubringen, sich schon vor der Einschulung
selbst Lesen, Schreiben und Rechnen beizubringen. Mit Beginn der
ersten Klasse kann er schon alles, was in der Schule verlangt wird. So
wird er schnell zur Nummer eins und den Mitschülern von der Lehrerin als leuchtendes Beispiel an Tüchtigkeit vorgeführt. Das führt dazu,
dass neben dem »Streber« bald keiner mehr sitzen will. Mit ihm spielen wollen seine Mitschüler auch nicht. Zunächst versucht Ruben, die
anderen durch seine Leistungsfähigkeit zu übertrumpfen, kann sich mit
Unterrichtsbeiträgen auch dann nicht zurückhalten, wenn er gar nicht
gefragt ist. Dann ändert sich das Bild: Ruben sitzt unter dem Tisch oder
läuft ohne Erlaubnis aus der Klasse. Er äußert sich abfällig über die
»Dummen« in seiner Klasse und ist in den Pausen zunehmend in körperliche Auseinandersetzungen verstrickt. Die in die Schule gerufenen
Eltern können die Beschwerde der Lehrerin nicht fassen, da Ruben sich
im häuslichen Umfeld vollkommen unauffällig verhält.

Moritz und Ruben stören den Unterrichtsablauf durch ihre Regelverstöße. Sie erscheinen den Lehrern als zu impulsiv. Weil ihnen die
Einordnung in das schulische Geschehen schwerfällt, vermuten die
Lehrerinnen und Lehrer eine behandlungsbedürftige Störung. Die
seelische Not der Kinder bleibt ihnen verborgen.

Fallbeispiel: Viele Schulwechsel
Die elfjährige Jessica besucht seit drei Wochen ihre inzwischen dritte
Schule. Die vorhergehende Schule hatte im Einvernehmen mit den
Eltern den Schulwechsel entschieden: Während Jessica zufrieden-
stellende Leistungen gezeigt hatte, schien sie wegen ständiger Auseinandersetzungen mit den Mitschülern und wegen ihres respektlosen
Verhaltens gegenüber den Lehrern nicht mehr tragbar. Diese Klagen
sind in der neuen Schule zu Anfang nicht nachvollziehbar, denn Jessica
zeigt sich allseits kontaktbereit und respektvoll. Schon im Verlauf der
ersten Woche aber rückt sie den Mitschülerinnen und Mitschülern auf
die Pelle, will überall dabei sein und scheint es nicht ertragen zu kön-

nen, wenn die anderen sich zurückziehen. Sie wird daraufhin lauter und zeigt sich zunehmend unruhig. Im Ergebnis erntet sie eine generelle Ablehnung in der Schule. Nach drei Wochen steht sie erneut vor der Frage, ob sie bleiben darf.

Jessica rutscht wiederholt in die Rolle des Störenfrieds. Sie hat bisher nicht gelernt, sich zunächst für ihre Mitschüler zu interessieren und die Entwicklung von Freundschaften abzuwarten. Sie beachtet die persönlichen Grenzen ihrer Mitschülerinnen und Mitschüler nicht, die ihr daher mit Distanz begegnen. Mit Nachdruck sucht sie diese Distanz zu überwinden, versteht die sozialen Signale der anderen als Beweis dafür, dass man sie nicht mag.

Fallbeispiel: »Ich kann nichts ohne Tabletten!«
Martin, ein 17-jähriger Gymnasiast, lebt und lernt seit der fünften Klasse in einem Schulinternat. Seine Mutter und sein Stiefvater sahen sich wegen ihrer beruflichen Belastungen nicht in der Lage, ihn zu Hause zu betreuen. Seine Eltern hatten sich getrennt, als Martin zwei Jahre alt war. Er kennt seinen Vater nicht. Damit er den schulischen Anforderungen genügt, waren ihm seit Beginn des Gymnasiums Medikamente verordnet worden, die üblicherweise bei ADHS verschrieben werden. Jetzt, in der zehnten Klasse, hat es Martin satt, sich von der Tabletteneinnahme abhängig zu fühlen, glaubt aber nicht an seine Leistungsfähigkeit ohne Medikamente. Nach einer Medikamentenpause von mehreren Monaten bemerkt er erstmals, dass es ihn belastet und verletzt, wie andere Menschen mit ihm umgehen. In der Folge hofft er nun, seine schlechten Stimmungen durch Arzneigebrauch überdecken zu können, obwohl er andererseits gemerkt hat, dass seine Aufmerksamkeitsleistungen keine Medikation mehr verlangen.

Dieses Fallbeispiel verdeutlicht eine mögliche Nebenwirkung von ADHS-Medikamenten, die zu verbesserter Aufmerksamkeit und Konzentration beitragen, indem sie bei der sogenannten Reizselektion helfen. Unter der Arzneianwendung ist der Behandelte nicht mehr dem Ansturm von diversen Eindrücken (Reizen) ausgeliefert und kann dadurch die geforderte Aufmerksamkeitsleistung erbringen. Die Hirnchemie ist nicht zur Unterscheidung der verschiedenen

Reize in der Lage. Die Arznei dämpft unterschiedslos alle Signale, egal ob sie an die Seh-, Hör- oder Fühlorgane des Gehirns gerichtet sind oder ob es sich um soziale Signale handelt, denen Bedeutung gegeben werden muss. So kann es geschehen, dass das soziale Lernen unter einer Arzneiwirkung beeinträchtigt wird und dies dann die soziale Integration erschwert.

Die Kinder Jessica, Moritz und Ruben als seelisch krank einzuordnen, ist keine Lösung. Weder einem »schlechten« Elternhaus noch der »ungeeigneten« Schule kann »Schuld« am Kaspern und Stören der Kinder an den Schulvormittagen gegeben werden. Eine Kooperation von Eltern und Lehrern kann die Gefahr gegenseitiger destruktiver Schuldzuweisung überwinden und bildet die Voraussetzung dafür, dass die Kinder zur unbedingt notwendigen Erfahrung von Anerkennung gelangen.

Außenseiter und Mobbing

Ausgrenzung und Mobbing sind gruppendynamische Prozesse, die auch in der Schule verbreitet sind. Sie entwickeln sich im Zusammenwirken von Faktoren, die in der Klassengruppe, bei den Lehrerinnen und Lehrern oder bei einem im Verhalten abweichenden Klassenmitglied und dessen Familie anzusiedeln sind. In jeder Gruppe gelten Richtlinien, Normen und Werte, entsprechend denen sich die Gruppenmitglieder verhalten sollen, wenn sie dazugehören möchten. Diese Richtlinien gelten, werden aber nicht unbedingt offengelegt. Eine zumeist im Stillen wirkende Übereinkunft schmiedet die Gruppenmitglieder zusammen und bietet ihnen so das sichere Gefühl, nicht allein und wertvoll zu sein. Ein Gruppenmitglied wird als störend empfunden, wenn es den Richtlinien nicht folgt und damit zeigt, dass es Empfindungs- und Handlungsmöglichkeiten gibt, die mit den in der Gruppe geltenden Regeln nicht übereinstimmen. Zur Festigung ihres Zusammenhaltes betrachtet die Gruppe solche Mitschülerinnen und Mitschüler als Außenseiter und definiert damit noch entschiedener den Sicherheit bietenden Zusammenhalt, die »Innenseite« der Gruppe. Insofern ist ein Außenseiter für den Zusammenhalt der Gruppe nützlich. Er fehlt aber für die Selbstvergewisserung der Gruppe, wenn er mit solch einer radi-

kalen und endgültigen Wirkung ausgestoßen wird, dass er von der
Gruppe nicht mehr wahrgenommen werden kann.

Ausstoßungsprozesse wirken bei Schulkindern deshalb trauma-
tisch, weil es sich bei Kindern im Vergleich zu Erwachsenen um
unreife Persönlichkeiten handelt. Einmal durch eine Kindergruppe
als Außenseiter definiert, sind sie dringend auf Hilfe angewiesen.
Ziel therapeutischer und schulpädagogischer Maßnahmen muss es
sein, ihnen zur Erfahrung von Selbstwirksamkeit, zum Wachstum
oder zur Wiederherstellung ihres Selbstwertgefühls und ihrer Selbstanerkennung zu verhelfen. Das bedeutet nicht zwingend Anpassung
an die eine oder andere Gruppe. Der Unterschied zwischen den in
der Gruppe geltenden Forderungen und ihren spezifischen Eigenschaften und Interessen kann durchaus fortbestehen.

Fallbeispiel: Nicolaj irrt sich über den Sinn des Schulbesuchs
Der 16-jährige Nicolaj wurde kurz nach dem Reaktorunfall von Tscher-
nobyl in der Ukraine geboren. Er erkrankte bald nach seiner Geburt
an einer allgemeinen Infektion, die unter anderem zu einer gestörten
Ausbildung seiner Hüftgelenke führte. Nach Deutschland umgezogen,
durfte er deshalb bis zum zwölften Lebensjahr seine Schultasche nicht
selbst tragen, sondern musste sie an einem Riemen hinter sich her-
ziehen und geriet als sehr gut begabter Schüler und junger Pianist in
eine Außenseiterposition in der Klasse. Mit Beginn der zehnten Klasse
beendet er den Schulbesuch, der ihm eigentlich nur deshalb sinnvoll
erschien, weil er hoffte, dort Freunde zu finden. Der Klavier spielende
»Russe« mit auffälligem Gangbild und unmodischem, »merkwürdigem«
Haarschnitt, der zudem ständig als plump empfundene Kontaktver-
suche unternimmt, erfuhr eine chronische Ausgrenzung in der Klasse,
die ihm keine Freundschaften anbot.

Fallbeispiel: Ausgrenzung in der Schule und in der Familie
Philipp, elf Jahre alt, ist mit seinem Klassenlehrer in heftige Auseinandersetzungen geraten. Er zeigt sich an dessen Unterricht nicht interessiert
und widersetzt sich seinen Anweisungen. Zu seinen Mitschülern verhält
er sich distanziert und wird von diesen geschnitten, weil er mit seinen
PC-Kenntnissen angibt. Im Gespräch mit den Eltern beklagen die Lehrer,
Philipp sei nicht in die Klasse zu integrieren, erscheine dort als stören-

der Außenseiter und werde trotz seiner Begabung nicht zum nötigen Schulerfolg gelangen. Der Vater, selbst Lehrer, der sein eigenes Leben nicht schätzt, fühlt sich durch die fortwährenden Provokationen seines Sohnes auch ihm gegenüber beleidigt. Er hat in der Folge das Interesse an seinem Sohn verloren, kann dessen schulische Leistungen nicht anerkennen, obwohl sie gut ausfallen. Der Klassenlehrer fühlt sich wie der Vater von Philipp abgelehnt und reagiert seinerseits mit Ablehnung und dem Wunsch, Philipp würde endlich aus seinem Unterricht entfernt.

Fallbeispiel: Fehlende Erfahrung von Selbstwirksamkeit
Die verzweifelten Eltern klagen, dass ihr einziges Kind, der achtjährige Johannes, seit Jahren nie das tue, was sie von ihm wollen. In der Schule hat man ihm einen Heilpädagogen zur Seite gestellt, damit er dem Unterricht folgt und im Verlauf des Schulvormittages nicht seine Mitschülerinnen und Mitschüler unversehens und anscheinend grundlos attackiert. Bei Johannes war ADHS diagnostiziert und eine entsprechende Stimulanzienbehandlung empfohlen worden, die bei ihm eine geringe Wirkung zeigt. Seine scheinbare Ich-Bezogenheit im Verbund mit unverständlichen Impulsdurchbrüchen ließen zudem einen Autismus-Verdacht aufkommen. Die Mutter berichtet, Johannes hätte als Neugeborener und junger Säugling ständig geschrien. Sie hätte sein »tyrannisierendes« Schreien ausnahmslos als Zeichen für Hunger gedeutet. Sie kann sich immer noch nicht vorstellen, welche anderen Bedürfnisse bei Johannes bestanden haben oder auch heute noch bestehen könnten. Entsprechend hat der Junge weder gelernt, Bedürfnisse zu artikulieren, noch hat er von seiner unmittelbaren Umgebung eine dazu passende Reaktion erfahren. Nach der Einschulung hat sich Johannes an die Fremdregulation durch den Heilpädagogen, der ihm als Integrationshelfer zu schulischen Leistungen und passendem Sozialverhalten verhelfen soll, und durch die Arzneiwirkung gewöhnt und gewinnt so keinen Zuwachs an Selbstwirksamkeit.

Diese Fallbeispiele charakterisieren die Kompliziertheit solcher Vorgänge, die zu Ausgrenzung und Mobbing führen können. Sie weisen darauf hin, welche Gesamtschau notwendig ist, um wirksame Lösungen planen und mit Aussicht auf Erfolg realisieren zu können (s. Kapitel »Soziale (Re-)Integration«).

Leistungsverweigerung und Rückzug

Kinder reagieren auf mangelnde Anerkennung durch Elternhaus oder Schule mit Worten (und Verhalten) wie »Ich mache nicht mehr mit! Ich will nicht mehr hier sein!«. Ein Schüler ist bereit, sich anzustrengen, wenn er sich und seine Lernfortschritte anerkannt fühlt. Entwertung dagegen macht schwach und müde. Gerade junge Kinder lernen für den Lehrer oder die Lehrerin, keineswegs für das Leben. Hochsensibel suchen sie eine gute Beziehung zu diesen, möchten sich als von ihnen bestätigt erleben. Sie wollen gesehen werden, weniger als tüchtige Schüler, vielmehr als Kinder, die liebevolle Zuwendung erfahren; und das umso mehr, wenn sie sich im Elternhaus zu wenig beachtet fühlen. Wenn sich also Eltern oder Lehrer über einen aufgetretenen Leistungsmangel wundern oder gar eine Leistungsverweigerung wahrnehmen, entdeckt der achtsame Blick, ob das Kind unter einem Mangel an Anerkennung in Schule oder Elternhaus leidet, deshalb keine Leistungsbereitschaft mehr zeigt und ihm auch nicht mehr daran gelegen zu sein scheint, sich sozial zu integrieren. In solchen Fällen wirkt das kindliche Leiden an schlechten und traurig getönten Beziehungen zwischen ihm und den Eltern oder Lehrern. Zur Erläuterung hier zwei Fallbeispiele:

Fallbeispiel: Kind enttäuscht die Mutter

Paul ist im ersten Jahr im Gymnasium. Mit großer Leichtigkeit hat er die Grundschule gemeistert. Dennoch waren die Eltern uneins, ob er ins Gymnasium wechseln soll. Seine Mutter, in einem akademischen Beruf tätig, ist stolz auf ihn und wollte ihn dort sehen. Der Vater, ohne Abitur, arbeitet erfolgreich in einem Wirtschaftsunternehmen. Er musste seinerzeit die höhere Schule abbrechen und ist davon überzeugt, dass (auch) für Paul ein mittlerer Schulabschluss ausreicht. Zum gelinden Entsetzen der Mutter fällt das Halbjahreszeugnis in den sprachlichen Fächern, in denen die Mutter selbst stets ausgezeichnete Leistungen hatte, bedenklich schwach aus. Während der Vater sich bestätigt fühlt und das Ende des Gymnasiumbesuchs befürwortet, überschüttet die Mutter Paul mit Vorwürfen wegen mangelnder Leistungsanstrengungen. Bedrückt setzt Paul seinen Gymnasialbesuch fort, stets in der Angst, seine ihn früher bewundernde Mutter weiter zu enttäuschen.

Im Elternhaus eskaliert ein Streit zwischen den Eltern wegen der weiteren Beschulung.

Fallbeispiel: Kind wirkt plötzlich schulisch überfordert

Milena, neun Jahre alt, kam bisher meistens stolz aus der Schule nach Hause, weil sie ein Lob von ihrer Lehrerin bekommen hatte. Sie hatte eine sehr vertrauensvolle Beziehung zu ihrer Lehrerin entwickelt. Nun scheint sie plötzlich nicht mehr zu guten Leistungen in der Lage zu sein. Als ein Streit zwischen den Mitschülerinnen entbrennt, wird Milena von den anderen, die sie als (von der Lehrerin) bevorzugt erleben, beschuldigt, die Auseinandersetzungen in der Gruppe verursacht zu haben. Die Lehrerin setzt Milena daraufhin als pädagogische Maßnahme an einen Einzeltisch. Milena bekommt keine Möglichkeit, die Sache aufzuklären. Sie fühlt das Vertrauen zur Lehrerin beschädigt und sich zurückgewiesen. Sie lässt sich nicht mehr zur Mitarbeit bewegen.

Denken und erfolgreiches Lernen ist an eine ausgeglichene Gefühlslage gebunden. Der Appell an eine vermehrte Anstrengung und Konzentration bleibt wirkungslos, wenn ein Kind sich entwertet fühlt und einen Vertrauensmangel spürt. Bei unverständlichen Leistungseinbrüchen ist also aufzuklären, unter welchen seelischen Belastungen ein Kind steht, auch wenn diese vordergründig nicht bedeutsam zu sein scheinen. Die Achtsamkeit von Eltern und Lehrern ermöglicht das Herstellen eines ausgewogenen Verhältnisses zwischen notwendigen Anforderungen und dem wichtigen Verständnis für das Kind, das erst Leistung ermöglicht.

Perfektionisten

Eltern und Lehrer verstehen gut, dass begabte Kinder in der Klasse in eine Außenseiterrolle geraten können. Sei es, dass die Klassengemeinschaft dem Erfolgreichen die Zugehörigkeit verweigert oder sei es, dass die Lehrerin oder der Lehrer die Leistungsstärke eines solchen Kindes allzu sehr hervorhebt. Es verwundert aber Eltern und Lehrer, wenn ein Kind, dem bisher alles zuzufallen schien, sich plötzlich als leistungsschwacher Schüler zeigt. Sie gehen von einem engen Zusammenhang von hoher Begabung und schulischer Leistung aus. Gelingt es einem Kind nicht, entsprechend seines Intelligenzniveaus schulisch erfolgreich zu sein, sollten seine seelischen Lernvoraussetzungen in den Blick genommen werden.

Fallbeispiel:»Wer intelligent ist, muss nichts tun!«

Die 16-jährige Camilla wurde vor zwei Jahren als hochbegabt getestet. Ihre schwachen Leistungen bedrohen aber nun ihren Verbleib im Gymnasium. Die Aufnahme in ein Hochbegabten-Internat wird ihr verweigert, weil der erneut ermittelte Intelligenzquotient zwei IQ-Punkte unter den Aufnahmekriterien liegt. Sie muss in ihrer Schule am Wohnort bleiben. Camilla versucht, sich und der Umgebung ihre exzellente Begabung zu beweisen, indem sie weiterhin nichts tut und von sich dennoch beste Ergebnisse erwartet. Als Tochter eines Arztes will sie auf jeden Fall Medizin studieren. Im Abitur schneidet sie schwach ab, bekommt keinen Medizinstudienplatz und muss sich mit einer Ausbildung zur Krankenschwester begnügen. Zur Wahrung ihrer Selbsteinschätzung legt sie in Übereinstimmung mit ihren Eltern ihre relativ schwachen Leistungen der Schule zur Last.

Camilla gerät in eine belastende Selbstentwertung, weil sie sich irrt. Sie hat die Theorie, sie sei nur wirklich schlau und wertvoll, wenn es keiner Anstrengung bedarf, die schulischen Aufgaben zu erledigen. Konfrontiert mit der Notwendigkeit, sich zu bemühen, verlegt sie sich auf die Leistungsvermeidung, damit sie sich gar nicht erst »schlechtrechnen« muss. Dieser Irrtum bewirkt einen Teufelskreis, weil sie den Zusammenhang zwischen Anstrengung und Ergebnis nicht (er-)kennt. Vielmehr hält sie an ihrer Theorie fest: »Nur wer nichts für die Schule tut, ist wirklich intelligent.« Die Schuldzuweisung an die Schule verhindert den Gewinn von Selbstwirksamkeit der Art »Ich kann es, ich schaffe es!«.

Während bei Camilla keine eigentliche seelische Störung besteht, zeigt das folgende Beispiel den Ausdruck einer behandlungsbedürftigen Problematik.

Fallbeispiel: »Ich darf niemals einen Fehler machen!«

Die Eltern des 14-jährigen Paul, an dessen gymnasialer Eignung keinerlei Zweifel besteht, werden in die Schule bestellt, weil Paul den

Anforderungen kaum noch genügt. Er wird bei den Klassenarbeiten nicht fertig, weil ihm die Zeit nicht reicht. Die Eltern berichten in der Schule von seinem ausgedehnten Lernen zu Hause. Er arbeitet auch an den Wochenenden bis spät am Abend an den Hausaufgaben, hat keine Freizeit mehr und kann sich auf die Kontaktangebote seiner Mitschüler nicht mehr einlassen. Hilfestellungen lehnt er ab, will alles unbedingt allein schaffen. Das Nachrechnen dauert länger als das Ausrechnen, in den sprachlichen Fächern beginnt er immer wieder von Neuem, weil er mit sich unzufrieden ist. In der jugendpsychiatrischen Untersuchung zeigt sich auch in den außerschulischen Belangen seine Tendenz zur unbedingten Perfektion als Ausdruck einer ernsten seelischen Krise. Den Eltern wird geraten, psychotherapeutische Hilfe zu suchen, auch wenn diese Empfehlung Pauls Selbstzweifel noch verstärken kann.

Camilla und Paul zeigen sich an der Integration in die Klasse kaum interessiert. Camilla sucht ihre Unterscheidung von den anderen. Sie will sich beweisen, dass ihre Intelligenz genügt, um Anstrengungen, wie sie ihre Mitschüler zum Erreichen guter schulischer Ergebnisse brauchen, nicht nötig zu haben. Paul dagegen muss sich über die Maßen anstrengen, weil ihm seine seelische Verfassung das diktiert. Er könnte sich einen Fehler nicht verzeihen. Mit dieser Anstrengung bleibt er in der Klasse isoliert und hat keine Reserven zur Teilnahme am Miteinander in seiner Klasse.

Soziale (Re-)Integration

Das Stören und Kaspern der in den Beispielen beschriebenen Schülerinnen und Schüler ist in keinem Fall als Eigenschaft dieser Kinder zu verstehen. Ebenso hat das auffällige Verhalten von Kindern und Jugendlichen, die in der Klasse Ausgrenzung erfahren, einen Bezug zu den sozialen Gegebenheiten in der Familie und zu den jeweiligen Lehrern.

»Einzeltäter«

Rubens (s. auch Kapitel »Mangelnde soziale Integration«) Lehrerin ist von seiner exzellenten Begabung beeindruckt und hofft auf seinen günstigen Einfluss in der Klasse als Zugpferd für die Lernfortschritte der Mitschüler. Wenn diese ihn als »Streber« ausgrenzen, meinen sie eigentlich die Lehrerin, der sie unbewusst seine Bevorzugung im Unterricht vorwerfen. Ruben steht im Konflikt, sowohl der Lehrerin als auch den Mitschülern gefallen zu wollen. Würde er als eigentlich lernbereiter Junge seine Leistungen zurückfahren, um damit die Anerkennung der Mitschüler zu gewinnen, verlöre er die Anerkennung seiner Lehrerin und würde auch seinen Eltern Sorgen bereiten. Er kann das Problem nicht lösen und verlegt sich darauf, mit völlig unpassenden Verhaltensweisen den Kontakt zu den Kameraden zu erzwingen. Hier ist es Aufgabe und Verantwortung der Lehrerin, ihr Verhalten im Unterricht so zu korrigieren, dass sie ihre Achtung ausgewogen auf all ihre Schüler verteilt.

Moritz und Jessica (s. auch Kapitel »Mangelnde soziale Integration«) stoßen zu ihrer Klasse neu dazu, als diese sich schon formiert hat und die einzelnen Schüler in der Gruppe ihre Rollen gefunden haben. Moritz, der mit dem Umzug seiner Familie vom Norden nach Süden gar nicht einverstanden ist und seine alten Freunde nicht mehr treffen kann, unterscheidet sich schon durch seinen norddeutschen Tonfall von den Kurpfälzern, die er anfänglich nicht einmal gleich versteht. Immerhin findet er die Aufmerksamkeit der neuen Klasse, weil er Witze zu machen versteht, an die sich die anderen nicht trauen. Dass er damit den Ärger der Lehrer auf sich zieht, findet er nicht so schlimm, kann er so doch wenigstens im Unterricht bei den Mitschülern für sich werben. Moritz bleibt bei seinem Störverhalten, weil er in den Pausen und nach dem Unterricht weiterhin allein bleibt. Die Lehrerinnen und Lehrer könnten seine Not als Ausdruck seiner bislang vergeblichen Bemühungen um Freundschaften in der Klasse verstehen und nicht die Eltern zu psychologischen oder medizinischen Maßnahmen drängen, die der Integration des Kindes in das schulische Geschehen dienen sollen.

Jessica und ihren vielen beteiligten Schulen gelingt die Integration in die jeweilige Klasse nicht. Die Eltern und der schulpsychologische Dienst hatten zur Lösung der Problematik jeweils lediglich Versetzungen in neue Schulen betrieben. Das schien zunächst hilfreich zu sein, aber nach wenigen Wochen in einer neuen Schule zeigt sie sich immer wieder respektlos und in Auseinandersetzungen mit ihren Mitschülern verstrickt. Als Adoptivkind vermutet sie seit wenigen Monaten, sie hätte nicht bei ihren leiblichen Eltern bleiben dürfen, weil sie nicht liebenswert sei. So stellt sie ihre Familie, die Lehrer und Mitschüler auf die Probe: »Wie schlecht darf ich mich benehmen und doch bei euch bleiben?« Hier stellt sich eine psychotherapeutische Aufgabe unter Einbeziehung der Familie, die innerhalb der Schule nicht zu lösen ist.

Auch Rudi (s. auch Kapitel »Begabung und Leistung«) ist durch schulische Maßnahmen allein nicht zu helfen. Nach der Geburt seiner Drillingsgeschwister fühlt er sich vollkommen an den Rand der Familie gedrängt. Er setzt darauf, die vermeintlich verloren gegangene Liebe zurückbekommen zu können, wenn er sich jünger zeigt als seine Geschwister. Er bewegt sich wie ein sehr junges Kleinkind auf dem Boden und hat die seit Jahren sichere Sauberkeit aufgegeben. Auch kommt er nicht als Achtjähriger in die Schule, sondern verhält sich wie ein Spielgruppenkind. In solch einem Fall arbeiten wir parallel mit dem Familien- und dem Schulsystem. In der Familie bekommt Rudi seine Rolle als ältestes Kind mit passenden Rechten und durch ihn erfüllbare Verpflichtungen (Verantwortung). In der Schule lernt er unter gemeinsamer Mitwirkung von Therapeut und

Lehrern, dass er seinen Berufswunsch, Pilot zu werden, nur dann erreichen kann, wenn er den schulischen Regeln folgt. Er will ja in der späteren Verantwortung für ein Flugzeug nicht mit der Maschine abstürzen. Solchermaßen ernst genommen, gelingt es dem neugierigen und hochintelligenten Kind, die Anforderungen in der Schule mit seinen Zukunftswünschen zu verbinden.

Innen- und Außenseiter

Bei einer systemischen Betrachtung kann es nur dann Außenseiter geben, wenn es auch eine Innenseite gibt. Wer sich in der Schule/ Klasse gemäß den geltenden Erwartungen, gewünschten Verhaltensweisen und Werten verhält, zählt zur Innenseite. Das Außen, die Außenseite, wird durch abweichende Verhaltensweisen eines Mitschülers bestimmt. Das abweichende Verhalten trägt gleichzeitig zu einer stärkeren Empfindung des Innen und also der Gruppenidentität bei. Eine schwache Wahrnehmung des Außen würde die Erfahrung davon, was innen ist oder sein soll, verschwimmen lassen: Die Sicherheit der Innenseiter ist also auf die Spürbarkeit des Außen angewiesen.

Zwischen den Innen- und Außenseitern besteht eine hoch gespannte Beziehung: Der Außenseiter fühlt sich ausgestoßen, müsste sich jedoch wieder annähern, um sich von der Klasse angenommen zu fühlen. Und das wünscht er sich. Nähert er sich aber an, kann er die Sicherheit der Gruppe bedrohen, die infolgedessen noch mehr dazu tendiert, sich als geschlossene Innenseite zu zeigen. Es kann auch sein, dass der zum Außenseiter gewordene Schüler im Außen bleiben will, weil das seine Individualität kennzeichnet und ihn von den anderen, die dem Innen angehören, unterscheidet.

Die Doppellinie in Abbildung 5 umfasst innen die Welt der Schule und der Klasse und bezeichnet ferner die Abgrenzung von der außen angeordneten Welt des zum Außenseiter gewordenen Kindes. Die Brücke deutet eine Lösungsmöglichkeit an. Sie symbolisiert, dass ein Weg zwischen den beiden Seiten besteht, der vom Außenseiter benutzt werden kann, wenn er sich in die Schule – zur Innenseite – begibt, aber auch von den Innenseitern, wenn sie die Welt außerhalb besuchen. Die Brücke macht Annäherungsvorgänge in kleinen Schritten möglich, die für beide Seiten keine Bedrohung ihrer Sicherheit und Individualität bedeuten. Während stärkere Abstoßungsvorgänge den Weg über die Brücke verlängern, führen Annäherungen zu einem kürzeren Weg. Die Aufgabe von Pädagogik und Therapie besteht darin, beiden Seiten zur Annäherung zu verhelfen und dazu passende, gangbare Schritte über diese Brücke zu entwickeln. Damit werden Lernprozesse eingeleitet, die eine starke Definition von Abstoßung und Abgrenzung zunehmend überflüssig machen: Zugehörigkeit und individuelle Abgrenzung dürfen nebeneinander bestehen.

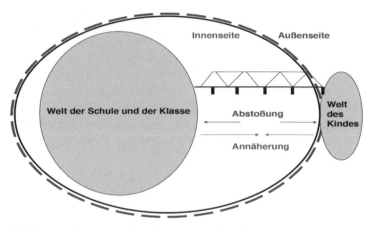

Abbildung 5: Brücke zwischen Innenseite und Außenseite

Nicolaj (s. auch Kapitel »Mangelnde soziale Integration«) lernt in der Therapie, dass er von der Forderung ablassen kann, die Mitschüler müssten seine Freunde sein oder werden. Er akzeptiert nun die Schule als Lernort. Dadurch fühlen sich die Mitschülerinnen und Mitschüler weniger bedrängt und können ihm seine Individualität leichter zugestehen. Solchermaßen akzeptiert, weckt er das Interesse seiner Klassenkameraden an seiner Person.

Philipp (s. auch Kapitel »Mangelnde soziale Integration«) lernt, dass sein Lehrer nicht sein Vater und die Klasse nicht seine Familie sein kann, und verhält sich dadurch als Mitschüler, nicht als ein Junge, der eine herausgehobene Rolle in der Klasse beansprucht.

Johannes (s. auch Kapitel »Mangelnde soziale Integration«) muss zur Erfahrung von Selbstwirksamkeit und Ich-Stärke gelangen. Wird ihm das mit Hilfe Schritt für Schritt möglich, verliert er die Sonderrolle, die durch die Schulbegleitung auch für seine Mitschüler überdeutlich erkennbar war, die für sich solche Kontrolle als Zeichen von Krankheit und Schwäche ablehnen.

Liebe für jeden

Manchmal wird behauptet, der aus dem Lateinischen stammende Satz »Nicht für die Schule, sondern für das Leben lernen wir!« sei wahrscheinlich falsch übersetzt. Jedenfalls gilt für die jüngeren Kinder, dass sie für ihren Lehrer, ihre Lehrerin, lernen und eben nicht für das Leben. Darüber hinaus wollen Kinder und Jugendliche die Hoffnungen und Erwartungen ihrer Eltern nicht enttäuschen. Als Kleinkinder haben sie – wenn es gut gegangen ist – im Schutz der Familie gelebt und dort liebevolle Zuwendung erfahren. Der Weg in die Schule ist ein Abenteuer. Dort ist plötzlich eine Lehrerin, ein Lehrer, für sie von Bedeutung. Den Kindern ist daran gelegen, auch in der Schule Anerkennung zu finden. Und wenn sie zu den Lehrern wichtige Beziehungen entwickeln sollen und wollen, spielen jetzt gute Leistungen eine Rolle. In der Regel erfahren frisch eingeschulte Kinder, dass es in dieser Hinsicht offensichtlich einen Zusammenhang gibt: »Wenn ich tüchtig bin, mag mich meine Lehrerin besonders. Klappt's bei mir nicht so gut, muss ich Kritik ertragen und sehe, dass meine Mitschüler mehr Zuwendung bekommen als ich.«

Lehrer können zudem ungewollt in einen Konflikt mit Eltern geraten, weil es für ein Kind schwer sein kann, die durch sie in der Schule erfahrene Zuwendung mit ihren Vorerfahrungen zu Hause zusammenzubringen. Lehnen die Lehrer die Eltern ab oder können umgekehrt die Eltern mit den Lehrern nicht einverstanden sein, führt das zu einer seelischen Beunruhigung vor allem des jungen Schulkindes. Die sich daraus ergebende Beeinträchtigung der seelischen Verfassung stört das Lernen, weil jedes Denken eine ausgewogene Gefühlslage zur Voraussetzung hat. Fühlt sich das Kind von der Lehrperson nicht gemocht und anerkannt, werden Anstrengungsbereitschaft und Leistungen geringer. Erlebt das Kind die Enttäuschung durch sich vielleicht von ihm abwendende Eltern, führt das zu der gleichen Reaktion. Wenn also ein prinzipiell leistungsfähiges Kind sich verweigert und zurückzieht, gilt es, seine Gefühlslage zu beachten. Je nach Sachlage liegt es in der Verantwortung der Lehrpersonen oder der Eltern, durchaus die in der Schule gezeigten Leistungen zu bewerten, aber erbrachte Leistung nicht mit dem Wert des Kindes als Person zu verknüpfen, sondern das Kind dennoch Wertvoll- und Angenommensein fühlen zu lassen. Leistung darf keine Voraussetzung für Liebe sein.

Aktuell erscheint der Begriff Hochbegabung in vielen Medien gehäufter und wird auch zum Teil in der Wissenschaft mitunter wie eine Art Diagnose gehandhabt. Die Eltern fragen nach passenden Förderungen und schulpädagogischen Konzepten und setzen exzellente Begabung mit außerordentlichen Schulleistungen gleich. Wissenschaftliche Studien wollen prüfen, ob Hochbegabung zur Entwicklung von seelischen Krankheiten führen kann, zusammen mit bestimmten seelischen Störungen einhergeht oder diese verstärkt.

Das Geschenk der guten Begabung hindert Kinder bisweilen an der Entwicklung von Lernstrategien, wenn ihnen gute Ergebnisse zunächst einmal anstrengungslos zufallen. Unbegründet setzen sie ihren Selbstwert herab, wenn ihnen die Lösung einer Aufgabe nicht gleich gelingt. In solchen Fällen sollten sie wie jedes andere Kind erfahren, dass sie liebenswert bleiben, auch wenn sie die geforderte Leistung erst im zweiten oder dritten Anlauf bewältigen. Hilfreich ist die Vermittlung von Lernstrategien. Wenn Kinder als hochbegabt etikettiert sind, sollten sie wie andere Kinder auch mit Freude ihre Fähigkeiten genießen und sich nicht angesichts nötiger Anstrengungen selbst entwerten müssen. Sie selbst dürfen wie Eltern und Lehrer wissen, dass eine Fähigkeit erst dann Früchte tragen kann, wenn man sie einsetzt.

Eine Verpflichtung zur Höchstleistung kann bei einem Kind entstehen, wenn es damit seelisch belastendes Erleben zudecken möchte. In einem solchen Fall entsteht eine Qual, die erst abzumildern ist, wenn gutes Gefühl und Leistung (meist mit psychotherapeutischer Hilfe) entkoppelt werden. Steht das Kind in der Verpflichtung, für Eltern oder auch Lehrer höchste Leistungen erbringen zu müssen, kommt es zu Schaden, wenn die wichtigen Erwachsenen in der

Umgebung nicht zu selbstkritischer Betrachtung und Einordnung beziehungsweise Relativierung ihrer Forderungen gelangen. Beeindruckend ist das in Hermann Hesses Roman »Unterm Rad« (1951) nachzulesen.

Vermeidung des Schulbesuchs –
Fälle und Lösungsansätze

Eltern fühlen sich in großer Not, wenn ihr Kind nicht zur Schule geht, weil es das Elternhaus nicht verlassen kann oder den Gang in die Schule, das Klassenzimmer, nicht schafft. (Das sogenannte Schulschwänzen als bewusster Regelverstoß ist hier nicht Thema.) Jüngere Kinder, die in der Klasse zum Außenseiter wurden, vermeiden zu ihrem Selbstschutz den Schulbesuch. Jungen neigen eher zur Schulvermeidung. Die Verweigerung des Schulbesuchs gestaltet sich bei Jugendlichen ca. ab dem zwölften Lebensjahr ausgenommen problematisch. Das Nein zum Schulbesuch beginnt zumeist schleichend. Die Betroffenen erklären sich oft als unfähig, am Morgen aufzustehen, wollen unbedingt im Bett bleiben. Andere klagen über Übelkeit, Schwäche, Schwindel oder Schmerzen, ohne dass körperliche Erkrankungen nachzuweisen sind. Und wenn sie dann starkem Druck ausgesetzt werden, dass sie auf jeden Fall die Schule zu besuchen hätten, weil sie nicht krank seien, scheinen sich die Beschwerden zu verschlimmern. Die Jugendlichen versprechen den Eltern mitunter sogar am Abend, sie würden sich am nächsten Morgen bestimmt auf den Weg zur Schule machen. Sie packen sogar ihre Schultasche und schaffen dann doch den Weg aus der Haustür nicht, obwohl sie vorher wirklich davon überzeugt waren, sie könnten zur Schule gehen.

Die Ursachenforschung ermittelt zumeist keinen einzelnen nachvollziehbaren Grund für diese Form der Schulvermeidung, auch der Begriff »Schulphobie« unterstellt, das »Nein« sei durch die Schule, Lehrer, Mitschüler oder Leistungsanforderungen begründet. Die Jugendlichen können ihr Verharren zu Hause meistens nicht erklären. Sie »können eben nicht«, verweisen ggf. auf ihre beeinträchtigte körperliche Verfassung. Es herrscht ein »Alles oder Nichts«. Das Angebot, ein »bisschen Schulbesuch« zu versuchen, fruchtet nicht.

Dauert das Problem länger an, werden schließlich Schul- oder Jugendamt eingeschaltet, die den Schulbesuch mit Macht wieder herstellen sollen. Das bleibt allerdings zumeist erfolglos, wenn die seelische Lage der Jugendlichen nicht berücksichtigt wird. Machtvoll oder auch anhaltend schwach erscheinend, widersetzen sich die gequält und bedauernswert wirkenden Kinder und Jugendlichen solchen Anstrengungen, sind nicht zu überreden oder mit Hinweis auf ihre bedrohte Zukunft von der Notwendigkeit des Schulbesuchs zu überzeugen. In der Regel wollen sie unbedingt in der Familie bleiben, auf keinen Fall etwa in die Jugendpsychiatrie eingewiesen oder woanders – bei Verwandten oder in einem Internat – untergebracht werden.

Fallbeispiele

Die nachstehenden Falldarstellungen skizzieren beispielhaft einige typische Problemlagen.

Fallbeispiel: Angst vor Verlust und Tod

Stevens Vater hatte sich vor fünf Jahren einer Operation wegen einer hoch bedrohlichen Krebserkrankung im Bauchraum zu unterziehen. Er kehrte als Rollstuhlfahrer mit einer Empfindungsstörung in den Beinen in die Familie zurück, wegen der er kaum noch laufen kann. Ab diesem Zeitpunkt beginnt der jetzt 15-jährige Steven erst sporadisch und dann vollends den Schulbesuch zu verweigern. Der Vater kommt zunehmend auf die Beine, fühlt sich trotz schlechter Aussichten mittlerweile vom Krebs geheilt. Ausreichend wiederhergestellt, kann er trotz der bleibenden Empfindungsstörung und Gehbehinderung seiner anspruchsvollen Berufstätigkeit wieder nachgehen. Für Steven wird eine Privatschule gefunden, die einfühlsam und tolerant mit seiner Problematik umgeht. Ihm gelingt nach Monaten ein stundenweiser Schulbesuch und in Ansätzen eine Integration in das schulische Geschehen. In den Ferien wirkt er zu Hause stabil und wiederhergestellt und weckt bei den Eltern nun den Eindruck, er sei ein selbstständiger Erwachsener geworden. Zur Verwunderung seiner Therapeutin, die bei ihm eine hochfrequente Trauma-Behandlung durchführt, bricht die Problematik nach den Ferien wieder auf: Steven bleibt wieder einige Wochen zu Hause und geht dann noch einige Tage in die Privatschule, der die Eltern schließlich kündigen, weil sie ihr nicht mehr vertrauen.

In der Familientherapie, bei der Steven nicht mitwirken will, wird offenbar, dass seine Mutter weiterhin den krebsbedingten baldigen Tod ihres Mannes befürchtet. Sie darf ihre verständliche Angst aber dem Vater gegenüber nicht thematisieren. Für ihn ist dieses Thema tabu. Er kann oder möchte diese Sorge mit seiner Frau nicht teilen und lehnt es ab, in der Therapie darüber zu sprechen. Er gibt den eng gefassten Behandlungsauftrag, über Strategien zur Stabilisierung von Steven informiert zu werden. Da Steven die Familiensitzungen meidet, ergibt sich in der Therapie keine Chance, dem Vater vorsichtig einen Einblick in das Erleben seines Sohnes zu geben. Frau K. sieht sich bezüglich ihrer Sorgen von ihrem Mann alleingelassen und spürt immer weniger Perspektive für ihr eigenes Leben. Sie kann dazu die chronische Schulvermeidung von Steven nicht mehr ertragen, weil sie sich durch seine ständige Anwesenheit von ihm, für den sie rund um die Uhr glaubt, sorgen zu müssen, kontrolliert und jeder Handlungsfreiheit beraubt fühlt. Sie erträumt sich ein sorgenfreieres Leben außerhalb der Familie. Die von den Eltern gewünschte Beendigung der Familientherapie verhindert eine weitere Auseinandersetzung mit den belastenden Themen und die Erarbeitung von Lösungen.

Fallbeispiel: Zukunftsangst

Der 16-jährige Joel lebt zusammen mit seiner alleinerziehenden Mutter, von der sich sein Vater zwei Jahre vorher getrennt hatte. Seine Mutter kommt finanziell kaum zurecht und hält sich mit verschiedenen wenig einträglichen Arbeiten über Wasser. Sehr früh am Morgen ist sie berufsbedingt schon unterwegs und kommt erst am späten Abend erschöpft nach Hause zurück. Sie geht zeitig ins Bett, um morgens rechtzeitig aufstehen zu können. Joel sieht sich selbst als müde und schwach an und außerstande, das Bett zu verlassen, nachdem er allein aufgewacht ist. Er hat keine Kontakte zu Gleichaltrigen und Mitschülern, die zu planen beginnen, welche Ausbildung sie nach der Schule beginnen wollen. Joel hat keine Idee, was er in Zukunft einmal anfangen soll. Zugleich weiß er vom Ende seiner Schulzeit. Er hofft unbegründet, den Schulabschluss in eine ferne Zukunft verschieben zu können und sich so mit dieser anstehenden Entscheidung gar nicht befassen zu müssen, wenn er die Schule nicht besucht. Jeden Morgen wartet er auf den Sozialarbeiter der Schule, dem er gestattet, ihn in die Schule zu fahren.

Joel fehlt die Perspektive für ein gelingendes selbstständiges Leben. In der Therapie ist er dazu in der Lage, die vermeintliche Zwecklosigkeit jeder Initiative umständlich mit vielen Worten zu benennen. Joel hatte als 13-Jähriger eine über zwei Jahre dauernde Heimunterbringung zu verkraften. Während dieser Zeit war der Kontakt zu seinen Eltern weitgehend unterbrochen. Als hilfreich erweist sich bei der Arbeit mit Joel die Aktivierung seines Vaters, der sich danach vermehrt mit seinem Sohn befasst. Joel erlaubt dem Therapeuten, in seiner Sorgenlandschaft aufzuräumen und einen Intelligenztest durchzuführen. Er entdeckt seine Interessen und Stärken neu. Er schafft es vor dem Schulabschluss, sich erfolgreich um eine Ausbildung in einem elektrotechnischen Betrieb zu bewerben. Im Verlauf der letzten Schulmonate kommt er mit seinem Mofa selbstständig zum Unterricht und knüpft Kontakte zu Gleichaltrigen.

Fallbeispiel: »Ich weiß nicht, was soll es bedeuten …?«
Elisa, 14 Jahre alt, besucht seit zwei Jahren keine Schule. Am Morgen fühlt sie sich kraftlos und klagt über Kopfschmerzen. Wenn ihre Eltern und die jüngere Schwester das Haus verlassen haben, beschäftigt sie sich mit Lesen, Zeichnen und besonders gerne mit Modellbau: Sie konstruiert mit großem Geschick ein Haus, das sie detailliert einrichtet. Sie möchte auch gerne ein Buch schreiben, weiß aber noch nicht, was darin stehen soll. Sie verlässt kaum noch das Haus, trifft keine Freundinnen, ist zudem nicht über die Geografie ihrer Stadt orientiert. Sie genießt die Ferien, liebt Reisen ans Meer. Abends findet sie nicht ins Bett, sitzt lange bei den Eltern, geht erst zeitgleich mit diesen schlafen. Die besorgten Eltern, von Beruf Lehrerin und Arzt, haben zusammen mit der Schule viele Anstrengungen unternommen, um Elisa wieder in die Schule zu bringen. Sie hat auch einen kurzen Klinikaufenthalt über sich ergehen lassen müssen, zu dem sie nur mit Macht zu bewegen war.

Elisa, die nur wenig und dann sehr leise spricht, findet über zeichnerische Darstellungen ihrer Fantasien Zugang zur Therapie, gelangt jedoch während vieler Monate nicht zu bedeutsamen Veränderungen in ihrem Verhalten. Nach anderthalb Jahren weiterer Schulbesuchspause erklärt der Vater in der Familientherapie zur großen Bestürzung der Mutter, er habe seit Jahren kein Interesse mehr an der Fortsetzung der Ehe, hätte sich aber nicht darüber mitteilen wollen, um den Fortbestand der Familie zu gewährleisten. Und die Mutter stört es schon lange, dass ihr Mann an den Abenden lieber mit Elisa Schach spielt anstatt gemeinsame Zeit mit ihr zu verbringen. Nach dieser Klärung machen die Eltern ihre Krise Elisa gegenüber deutlich und versprechen ihr, für sich eine Lösung zu finden. Elisa hat schon lange gespürt, dass in der Familie für sie Unverständliches vorgeht. Sie verlegte sich deshalb sowohl mit dem nutzlosen Verbleib zu Hause als auch mit dem nächtlichen Wachbleiben auf die Kontrolle des familiären Geschehens. Elisa findet nach dieser Klärung zu ihrer Kraft zurück, tritt einen geplanten Aufenthalt in einer Psychotherapieklinik nicht an, nimmt stattdessen ohne Unterbrechung und mit Erfolg den Schulbesuch wieder auf. Die Eltern begeben sich in eine Paartherapie.

Fallbeispiel: »Kann ich denn wirklich wieder ganz gesund werden?«

Joshua ist 15 Jahre alt. Vor drei Jahren erkrankte er an einer seltenen, gefährlichen Lungenentzündung. Seine Mutter arbeitet in einem medizinischen Assistenzberuf und ist daher über alle möglichen Krankheiten gut informiert. Seit der ohne Schaden überstandenen Erkrankung ihres Sohnes geht sie wachsam mit jeder seiner körperlichen Klagen um. Sie sucht immer viele Ärzte auf und bemüht sich um jede erdenkliche Heilmaßnahme. Joshua klagt regelmäßig über Übelkeit am Morgen, Kopf- und Rückenschmerzen, weshalb er befürchtet, den Schultag nicht durchstehen zu können, und der Schule fernbleibt. Ihm laufen Tränen übers Gesicht, wenn er sich den Schulbesuch vorstellt. Seine Mutter bleibt bei der Vorahnung, eine bisher nicht erkannte Krankheit sei nun zu entdecken. Joshua verliert jedes Zutrauen zu sich und seinem Körper, bewertet entsprechend jedes Unwohlsein als Zeichen einer in ihm wütenden gefährlichen Krankheit. Nachdem die Mutter von ihren eigenen Befürchtungen ablassen kann, verliert der Jugendliche das Vertrauen in sie, die ihm ja offenbar nicht helfen kann oder will. Verzweifelt, aber auch wütend klammert sich der unselbstständig gebliebene Joshua an seinem Bett fest.

Joshua ist noch weit von einer Lösung entfernt, weil er das Vertrauen in seine Mutter weitgehend verloren hat. Zu seiner seit langer Zeit schlechten körperlichen Verfassung kommt sein Gefühl hinzu, dass die Mutter aufgegeben hat, nachdem ihr die Wirkungslosigkeit ihrer Anstrengungen bewusst geworden ist. Bis dahin über die Maßen von ihr versorgt, kann er sich nicht vorstellen, der Lösung des Problems mit eigener Kraft näher zu kommen. Nach einer langen therapeutischen Episode unter Einbeziehung der Herkunftsfamilie der Mutter, in der Fortschritte mit Verschlechterungen abwechseln, wird der deshalb entsetzten Familie die stationäre Psychotherapie von Joshua vorgeschlagen. Nachdem Joshua sich in der Klinik vorgestellt hat und, wie auch seine Mutter weiß, einige Wochen Wartezeit bis zur Aufnahme vor sich hat, geschieht ein erfreulicher Wandel: Gleichsam aufgerichtet und mit Muskelkraft ausgestattet, entscheidet er sich klaglos zum Schulbesuch und zum Verbleib bei seiner Mutter. Die Familie beendet vorzeitig die therapeutische Arbeit und schreibt dem Familientherapeuten Inkompetenz und Versagen zu. Nach fünf stabilen Monaten erscheint Joshua seiner Mutter krank. Sie hält die Fortsetzung seines Schulbesuchs bis zum Ende des Schuljahres nicht für möglich. Er hatte sich inzwischen mit Interesse und erfolgreich um eine Lehrstelle beworben.

Lösungsprinzipien

Bleibt die Familienproblematik unberücksichtigt, sind lange Einzeltherapien mit dem Kind oder Jugendlichen die Folge. Bisweilen üben Arzneiverschreibungen eine zudeckende Wirkung aus, die verhindern, dass der Jugendliche die Erfahrung von Selbstwirksamkeit machen kann. Machtvolle Interventionen wie Strafbefehle durch Ordnungsbehörden oder eine erzwungene Entfernung des Kindes aus der Familie unterstellen den Eltern, sie ließen ein Schulschwänzen ihres Kindes zu. Durch solche Handlungen wird die Natur und Bedeutung des komplexen Familiengeschehens verkannt.

    Die Erweiterung des Blickes sowohl auf schulische als auch auf familiäre Gegebenheiten erlaubt nützliche Einflussnahmen auf die Wiederherstellung des Schulbesuchs und ermöglicht darüber hinaus, günstigere Entwicklungsumstände für die Kinder oder Jugendlichen zu bewirken. Zuerst ist eine zentrale Frage zu klären: Schafft das Kind nicht den Weg in die Schule hinein oder kann es das Elternhaus nicht verlassen? Im ersteren Fall kann das Kind seine schlechten Erwartungen benennen: Die Mitschüler, die Lehrpersonen gehen schlecht mit mir um, ich werde gemobbt, ich habe Angst, den Anforderungen nicht zu genügen. Im zweiten Fall kann der Schüler meist nicht erklären, warum er unbedingt zu Hause bleiben muss, klagt bisweilen über Erschöpfung, Kraftlosigkeit oder medizinisch nicht begründbare Zustände von Unwohlsein. Eine undefinierbare Kraft hält ihn zurück, wenn er die Familienwohnung verlassen will. Wenn ein Jugendlicher zum Beispiel angibt, er könne die Schultoilette nicht benutzen und müsse deshalb zu Hause bleiben, kann sich dahinter als eigentliches Motiv verbergen, in der Wohnung bleiben zu müssen.

Während sich im ersteren Fall spezifische und abstellbare Ursachen für die Schulvermeidung identifizieren lassen, bedarf es im zweiten Fall zur Lösungsentwicklung der eingehenderen Beleuchtung der familiären Situation und der Verfassung der Eltern. Druck und Zwangsmaßnahmen sind dabei weder angezeigt noch hilfreich. Unter Zwang gelingt vielleicht eine vorübergehende Wiederaufnahme des Schulbesuchs. Es ist aber mit einer Verschlechterung der kindlichen Verfassung zu rechnen, wenn die familiären Gegebenheiten währenddessen unverändert bleiben. Schulvermeidung abzustellen, liegt im zweiten Fall nicht im Verantwortungsbereich der Schule, sondern gehört aus unserer Sicht in die Hände der systemischen Therapie. Deren primäre Bemühung zielt nicht auf die Wiederherstellung des Schulbesuchs, auch wenn viele gute Gründe für dessen Bedeutung sprechen.

Es ist eine nützliche und wichtige Hypothese der systemischen Betrachtungsweise, dass im zweiten Fall der Jugendliche mit einer unbewussten Initiative das Ziel verfolgt, eine Verbesserung der Lage der belasteten Eltern und der Familie zu erreichen. Die Schulbesuchsvermeidung bleibt mit beeindruckender Zähigkeit bestehen, bis endlich Änderungen erreicht sind oder die Situation zumindest öffentlich gemacht und begonnen wird, an Lösungen zu arbeiten. Dem betroffenen Jugendlichen die Wiederaufnahme des Schulbesuchs aufzuerlegen, bevor die Komplexität des seelischen und familiären Geschehens erfasst ist, überfordert und quält ihn.

Wie oben ausgeführt, müssen vor jeder psychotherapeutischen Arbeit die körperliche Gesundheit sowie die geistige Leistungsfähigkeit des schulvermeidenden Kindes oder Jugendlichen untersucht werden. Ist beides gegeben, kann gelassen mittels eingehender Analyse der seelischen Verfassung des Jugendlichen und der herrschenden Familiendynamik die oben genannte Hypothese auf ihre Gültigkeit hin geprüft werden. Es bedeutet für den Jugendlichen ohnehin eine massive Qual, wenn er den Weg vom Elternhaus weg nicht schafft und nicht weiß, warum ihm das nicht gelingt. Es kann daher der Entspannung aller Beteiligten dienen, den Schulbesuch zunächst sogar zu verbieten und als derzeit nicht machbar zu attestieren, auch wenn die Umgebung einen sehr hohen moralischen oder pädagogisch motivierten Druck dagegen aufbaut. Die Diagnostik und die Behandlung beziehen sich auf den Jugendlichen und zugleich auf seine Familie. Trifft die oben genannte Hypothese zu, dann wandelt sich der Blick schnell: Es geht nicht länger um einen einzelnen Kranken, sondern um einen Zustand des Familiensystems, der unter anderem durch die Vermeidung des Schulbesuchs charakterisiert ist. Die Vielfalt der möglichen Konfliktkonstellationen wurde in den oben beschriebenen Fallbeispielen aus unserer Praxis skizziert.

Grundzüge der systemischen Beratung und Bausteine der Arbeit

Zu Beginn haben wir das von uns in langjähriger Praxis entwickelte und immer wieder weiterentwickelte und geprüfte Beratungsmodell vorgestellt. Am Beispiel der Lösungsarbeit mit der Familie W., die sich zunächst wegen Schulschwierigkeiten bei ihrem Sohn Alexander vorstellte, werden in diesem Kapitel nun die Grundzüge des systemisch geführten Beratungsprozesses und seine Bausteine für Rat suchende Eltern dargestellt.

Die Beschreibung soll betroffenen Eltern einen Einblick in diese Arbeitsweise vermitteln. Damit besser vertraut, können sie entscheiden, ob diese Art von Hilfestellung für sie infrage kommt. Darüber hinaus können sie einen leichteren Zugang zu wirksamen Hilfen für ihre Kinder finden, wenn sie über solche Unterstützungsmöglichkeiten informiert sind und mit erweitertem Blick und gewachsener Systemkompetenz veranlassen können, dass bereits vorhandene Hilfestellungen für sie nutzbar werden. Nur zu oft sind aus unserer Erfahrung Schulschwierigkeiten mit pädagogischen oder medizinisch-psychologischen Bemühungen allein nicht zu lösen. Die Fülle der Einflussgrößen charakterisiert die Kompliziertheit eines Systems, mit dem die Eltern sich auseinandersetzen müssen, in dem die Wirkungen von einzelnen Maßnahmen nicht sicher vorherzusagen sind.

Beratungsklima

Grundsätzlich gehen Familien mit Sorgenkindern dann in eine Beratung oder Therapie, wenn sie nach vielen anstrengenden und doch erfolglosen Versuchen keine Ideen mehr, keine Vorstellung mehr davon haben, was sie denn nun noch unternehmen sollen, damit die alle ängstigenden und belastenden Schwierigkeiten endlich aufhören. Wenn der Problemverlauf ahnen lässt, dass die Schwierigkeiten einer komplexeren Betrachtung bedürfen, vermuten Eltern zu Unrecht beschämt ihr Versagen. Angesichts der ausgebliebenen

Lösung einmal dazu gedrängt, eine umfassendere fachliche Hilfestellung in Anspruch zu nehmen, hoffen sie auf eine Therapeutin oder einen Therapeuten, der ihnen ausreichend kompetent erscheint und dem sie sich öffnen mögen. Sie wünschen sich Anerkennung für ihre bisherigen Anstrengungen. Die nun neu gesuchte Beratung soll von gegenseitigem Vertrauen gekennzeichnet sein, und bei aller Skepsis erwarten sie dennoch Neues, dem sie zustimmen können.

Fallskizze: Familie W.
Die Mutter des achtjährigen Alexander sieht seit dessen Einschulung seine bedrohlich abfallenden Schulleistungen. Nachmittag für Nachmittag sitzt sie bei den Schularbeiten neben ihm, gibt sich schließlich die Schuld an seinem schon vorab befürchteten vollkommenen Scheitern. Ihre Nachbarin hebt andauernd die guten Noten ihres eigenen perfekten Kindes hervor und rät ihr schließlich, fachliche Hilfe zu suchen. Frau W. schämt sich zutiefst, »ihr Versagen« öffentlich zu machen, indem sie eine Hilfestellung sucht. Wochen später ruft sie ängstlich und tief verunsichert in unserer Praxis an und versucht, bereits am Telefon zu erspüren, ob sie mit Kritik zu rechnen hat, wenn sie mit Alexander zu uns kommt.

Eine entscheidende Basis der hier vorgestellten Arbeitsweise ist es, die Bedeutung des Familiensystems zu würdigen. Eltern und Kind stehen mit ihrem Fühlen und Handeln in Wechselbeziehungen. Stierlin formulierte 1976 mit seinem gleichnamigen Buch: »Das Tun des Einen ist das Tun des Anderen.« Auf Mängel zu fokussieren und störende Verhaltensweisen der Kinder und Jugendlichen als deren negative Eigenschaften oder in ihnen vorhandene Krankheiten in den Vordergrund zu stellen, erschwert es, die immer gegebene Gegenseitigkeit in den Blick zu nehmen. Wenn wir respektvoll mit den Verantwortungen der einzelnen Familienmitglieder umgehen, eröffnen wir allen Beteiligten die sinnvolle und motivierende Möglichkeit, an gewünschten Veränderungen mitzuwirken. Bereits im Erstgespräch wird jedes Familienmitglied nach seinen Vorstellungen, Wünschen und Zielen gefragt. Damit rückt das Sorgenkind aus der herausgehobenen Position des Kranken oder Störers. Im Zentrum der Bemühungen steht stattdessen die gewünschte Erleichterung und Verbesserung der Verfassung aller. Das bedeutet von Beginn an eine Entlastung des Kindes und eine Voreinstimmung auf einen möglichen positiven Wandel in einer wertschätzenden Atmosphäre.

Fallfortsetzung: Familie W.
Im telefonischen Vorgespräch hört Frau W., dass sie nach ihrer eigenen Wahl ihre Sorgen zunächst zusammen mit ihrem Mann oder auch in Anwesenheit der ganzen Familie schildern darf. Sie möchte Alexander vor weiteren Irritationen schützen und vereinbart einen ersten Termin, den sie zusammen mit seinem Vater wahrnehmen möchte.

Die hier vorgestellten Bausteine, die die therapeutische Atmosphäre prägen, sollen der Familie verdeutlichen, dass der Therapeut an lösungswirksame Mittel und Reserven in der Familie glaubt und damit die Eltern als die wichtigsten Experten für ihr Kind ansieht. Als Therapeuten sehen wir uns die Handlungskompetenz und -wirksamkeit betreffend in der zweiten Reihe hinter den Eltern und unterstützen sie bei der zu leistenden Veränderungsarbeit. Wir gestatten uns keine Schuldzuweisungen und lassen es nicht stehen, wenn die Eltern solche gegen sich richten oder von anderen hören müssen. Wir haben solchen Tendenzen zur Vereinfachung zu widerstehen, wollen vielmehr konsequent an der Entdeckung familiärer Kräfte und der Entwicklung entsprechender Kompetenzen in der Familie zur Bewältigung der Schwierigkeiten mitarbeiten.

Im Beratungsverlauf überprüfen wir kontinuierlich, welche Kräfte und Kompetenzen die Familie entdeckt, entwickelt und nutzt und wie sich die Verteilung der Verantwortung innerhalb der Familie verändert.

Anerkennung und Vertrauen

Anerkennung zu erfahren, schafft nicht nur eine angenehme Atmosphäre der Begegnung, sondern aktiviert auch ein zentrales neurobiologisch verankertes Motivationssystem. Das bedeutet: Wer Anerkennung erlebt, spürt seine Anstrengungsbereitschaft und Kraft, mit deren Hilfe er bestimmte Ziele erreichen will und kann. Ähnliche Wirkungen hat die Erfahrung von Vertrauen. Fühlt sich aber jemand entwertet, erlischt seine Neigung, neue Impulse aufzunehmen und Veränderungen zuzulassen oder zu unternehmen.

Mit diesem Wissen begegnen wir den Familien. Jeder soll sich angenommen und berücksichtigt fühlen. Am Ende einer jeden Begegnung geben wir wertschätzende Rückmeldungen an jedes Familienmitglied und machen damit deutlich, dass wir die Beiträge aller Beteiligten beachten. Auf diese Weise können zum einen die in der Sitzung ausgetauschten Informationen zusammengefasst, kommentiert und ggf. ergänzt werden, zum anderen ist es für alle Familienmitglieder dadurch viel eher möglich, Empfehlungen und Handlungsanregungen anzunehmen, die sich aus der Bewertung der Informationen und der Beobachtung des Miteinanders ergeben.

Fallfortsetzung: Familie W.

Alexanders Eltern möchten im Erstgespräch ihr eigenes Versagen in den Vordergrund stellen. Es erleichtert sie, sich nicht nur mit ihren Sorgen geachtet und verstanden zu fühlen, sondern auch ihre Leistung darstellen zu können. Es ermutigt sie, dass auch die Stärken ihres Sohnes herausgearbeitet werden. Wir betonen als die aufgesuchten Fachleute die Qualitäten der Eltern sowie ihre Verantwortungsbereitschaft und verdeutlichen ihnen achtsam, dass ihnen der erste Platz zukommt, wenn es um die möglichen und wünschenswerten Veränderungen gehen soll.

Neues und Neugier

»Wir haben schon alles versucht!« Mit diesem und ähnlichen Sätzen kommen Eltern oft in ein Erstgespräch. Eine solche Mitteilung schließt unbeabsichtigt auch die aktuelle Bemühung mit ein und somit aus, dass der erneuten Anstrengung ein Erfolg beschieden sein könnte. Es ist daher notwendig, dass wir die Familie auf die Erwartung von Veränderung einzustimmen versuchen, nachdem alle vorausgegangenen Bemühungen eingeordnet worden sind. Häufig lassen sich verfestigte Teufelskreise identifizieren, wenn gesteigerte, aber weiterhin erfolglose Anstrengungen das Störungsbewusstsein wachsen lassen, sich der Blick auf die gegebene Problematik einengt und folglich das Gefühl der Aussichtslosigkeit entsteht, dem mit erneuten Anstrengungen begegnet werden soll. Wenn eine entmutigte Familie empfindet und äußert: »Uns fällt nichts mehr ein!«, ist es unsere therapeutische Aufgabe, dennoch neue nützliche Einfälle zu haben und den Glauben der Familie daran und ihre Neugier darauf zu wecken.

Fallfortsetzung: Familie W.
Frau und Herr W. stellen ihre bisherigen, aus ihrer Sicht erfolglos verlaufenen Bemühungen um Alexander dar. Sie wünschen sich zwar gute Beratungsergebnisse, die ihnen gleichzeitig aber vollkommen ausgeschlossen erscheinen. Andererseits fürchten sie erneute Beschämung, wenn wir nun tatsächlich zu Lösungen kämen, die sie selbst bislang nicht bewirken konnten. Anlässlich der Erhebung der Vorgeschichte erfahren wir von den großen seelischen Belastungen, unter denen die Mutter seit Jahren leidet. Ihre eigene Mutter ist chronisch erkrankt und verlangt ihre kontinuierliche Fürsorge. Die vorsichtige Frage »Nehmen Sie einmal an, Ihre Schwester könnte Sie entlasten, wie würden dann Ihre Kräfte steigen und welche Auswirkung hätte das auf die schulische Lage Ihres Sohnes?« macht Frau W. ihre sie überfordernde Mehrfachanstrengung bewusst. Es ist ihr vollkommen neu, dass sie Verantwortung an ihre Schwester abgeben könnte. Auch erwähnt sie jetzt die weiteren Sorgen der Eltern um ihre 16-jährige Tochter Clara, die seit zwei Jahren ihre Nahrungsaufnahme massiv eingeschränkt hat, weil sie sich zu dick findet. Ihr Arzt hat eine Magersucht diagnostiziert; sie lehnt aber jede Hilfestellung ab.

Die Neurobiologie beschreibt die Funktion des sogenannten Neugigkeitsdetektors: Das ist ein Hirnteil, mit dem wir bisher Unbekanntes erkennen und als neu im Gedächtnis speichern. Was als neu bewertet wird, ruft in uns Aufmerksamkeit für mögliche Veränderungen hervor. Als Therapeuten tun wir also gut daran, mit größter Wachsamkeit zu registrieren, ob eine Idee, ein vorgestellter Gesichtspunkt den Familienmitgliedern tatsächlich als neu erscheint: »Diese Frage habe ich mir noch nie gestellt!«, sagt etwa ein angesprochenes Familienmitglied mit staunender Überraschung, wenn es auf Neues aufmerksam gemacht wird. Die »gute neue Idee« kann aber auch eine Schattenseite haben, wenn Hilfe suchende Eltern es als Entwertung erleben, dass ein anderer Mensch noch Ideen haben kann, während ihnen selbst nichts mehr einzufallen scheint. Es ist eine therapeutische Aufgabe, die ggf. bei Ratsuchenden widerstreitenden Gefühle zu berücksichtigen, wenn eine neue Idee zwar prinzipiell gewünscht wird, aber auch die Überzeugung der Inkompetenz hervorrufen kann.

Kontaktaufnahme

Wir führen vor jeder ersten Begegnung mit der Familie ein ausführliches Telefongespräch, in dem wir die folgenden Informationen erfragen:
1. Um wen sorgt sich die Familie?
2. Welche Tatsachen/Verhaltensweisen geben Anlass zur Sorge?
3. Haben die Familienmitglieder unterschiedliche Sorgen?
4. Besteht akute Gefahr?
5. Welche Änderungen sollen mithilfe der jetzt erbetenen Beratung erreicht werden?
6. Wer soll mit einbezogen werden?

Es geht uns darum, zu erfahren, wie der Anrufer beziehungsweise die Familie die Symptomatik schildert: primär als Mangel, Gestörtheit oder objektives Krankheitszeichen oder auch etwa begleitet von ängstlichem oder wütendem Erleben, eben als Sorge, die das aktuelle Miteinander betrifft und kennzeichnet. Angesprochen auf ihre Sorgen, fühlen die Anrufer, dass ihnen im beabsichtigten Lösungsprozess eine wichtige Rolle zukommt, auch wenn der Klageanlass die erste Aufmerksamkeit erhält. Mag der Anlass auch zu Anklagen und Schuldzuschreibungen geführt haben – gegenüber dem Kind oder Jugendlichen, einem Elternteil, einem Lehrer –, erfährt der auf seine Sorgen angesprochene Anrufer oder die Anruferin, dass wir uns um ein umfassendes Verstehen bemühen. Aus systemischer Sicht sind uns mit dem Ziel, gemeinsam an einer Lösung zu arbeiten, die Beziehungen der Familienmitglieder wichtig. Wir möchten unsere Haltung verdeutlichen: Eine körperliche Verletzung hat ihren Ort am Verletzten, komplexere Irritationen mentaler oder seelischer Vorgänge betreffen die familiären Beziehungen und haben keinen isolierbaren Ort. Das gilt, obwohl wir alle zu Vereinfachungen neigen und – wie das in der Körpermedizin meistens nützlich ist – nach belegbaren Einzelursachen suchen.

Eltern wenden sich zumeist mit Bedeutungszuschreibungen oder diagnostischen Bezeichnungen, die sie zuvor gehört haben, an uns. Etwa: »Karl stört in der Schule, ist faul, aggressiv, hat ADHS, ist Bettnässer, hat eine Stoffwechselstörung, hat nicht miteinander verbundene Hirnhälften« und so weiter. Die Ebene der Tatsachen – Wer tut was, wo, wann und wem gegenüber? – liefert im Unterschied zur Schilderung von Bedeutungen die Benennung von Tun und Verhalten, von Tatsachen. Damit können zielführende neue Handlungsmöglichkeiten erschlossen werden. Wir fragen also nach den kommunikativen Abläufen und Gestaltungen, weil es nicht sinnvoll ist, primär an der Veränderung von Bedeutungen zu arbeiten: »Was tut Karl, wenn Sie/Lehrer/Ärzte ihn aggressiv, faul, Störenfried und so weiter nennen?« Wir erhalten mit einer solchen einfachen und klärenden Frage die Möglichkeit der eigenen Neubewertung und sprechen damit den »Neuigkeitsdetektor« der Eltern an. So ergibt sich für sie die Chance, trotz lang dauernder Problemzeit die Möglichkeit einer Veränderung in Betracht zu ziehen.

Wir können die Komplexität der Sorgenlandschaft umfassender in Erfahrung bringen, wenn wir die Unterschiede in den Wahrnehmungen der Beteiligten erfassen. Jedes Familienmitglied hat seine eigene Beobachtung und bewertet diese aus seiner Position. Wenn wir mit solcher Komplexität rechnen und diese zu erfassen suchen, ergeben sich für alle Systemmitglieder – auch die zeitweise dazugehörenden Therapeutinnen oder Therapeuten – mehrere Vorteile:
- Schlimmes wird von weniger Schlimmem abgegrenzt.
- Die Bewertungsunterschiede beleuchten Beziehungsaspekte der Familienmitglieder.
- Die Ausprägung von optimistischen und pessimistischen Positionen wird deutlich.
- Unterschiede weisen auf Möglichkeiten der Veränderung hin.

Sollte sich der Blickwinkel der Ratsuchenden auf die alleinige Betrachtung des Schlimmsten eingeengt haben, kann nun schon vor dem Beginn des Beratungsprozesses herausgestellt werden, was eher schlechter und eher besser gelingt. Wir als Therapeuten laufen weniger Gefahr, in den Problemsog zu geraten und damit unseren klaren Kopf zu verlieren. Wir bitten den Anrufer, ein erstes Beratungsziel mitzuteilen. Damit geben wir den Hinweis, dass er eigene Vorstellungen vom erwünschten oder notwendigen Wandel vertreten kann und sollte. Es liegt zunächst in seiner Verantwortung, zu bestimmen, wer dazugehören soll, wessen Mitwirkung den Lösungsprozess voranbringen wird oder wer auf keinen Fall einbezogen werden soll, weil man ihm derzeit etwa mit Schuldzuweisungen begegnet oder ihn ausblenden möchte. Entsprechend schreiben wir nicht vor, wer sich an dem Beratungsvorgang beteiligen soll.

Fallfortsetzung: Familie W.
Alexanders Eltern werden sich bewusst, dass sie keine Anklage wegen ihrer vermeintlichen Funktionsmängel verdient haben. Sie entdecken ihre Sorgenvielfalt und kommen auf die Idee, sich auch innerhalb der Familie helfen zu lassen. Als Ziel der Beratung können sie neben einem verbesserten Schulerfolg ihres Sohnes auch ihre eigene Entlastung nennen, glauben aber nicht, dass sie auch wegen des Gewichtsverlustes von Clara in der Beratungsstelle Hilfe bekommen können.

Schon im Verlauf des telefonischen Austausches entsteht eine Fülle an Informationen – bekannte Tatsachen und auch Neues –, die nun ebenso den Ratsuchenden wie auch dem Therapeuten verfügbar ist. Namentlich das Neue wirkt schon vor dem Erstgespräch als wichtige Kraft, die für die Einleitung eines Wandels bedeutsam ist. Während des folgenden Erstgesprächs in der Praxis kann dann erstmals bilanziert werden, welche Veränderungen im Zeitraum zwischen dem telefonischen Erstkontakt und dem Erstgespräch bereits geschehen sind.

Erstgespräche

Wir neigen grundsätzlich dazu, zunächst die gesamte Familie einzuladen. Die Analyse der vor der ersten Sitzung (im Telefonat) verfügbaren Informationen zeigt, dass es bisweilen aber ratsam ist, von diesem Prinzip abzuweichen. Das kann der Fall sein und geschieht relativ häufig, wenn die Eltern die Erwachsenenebene betreffende Sorgen benennen, die für die schwierige Entwicklung des Kindes eine Rolle spielen können und unter Berücksichtigung der Grenzen zwischen der Welt der Erwachsenen und der des Kindes zu seinem Schutz nicht vor diesem besprochen werden sollen.

Fällt es Familien zunächst schwer, eine fachkompetente Institution aufzusuchen, wenn ein Kind beziehungsweise ein jugendliches Familienmitglied Anlass zur Sorge gibt, versuchen wir, eine Brücke zu bauen. Sie dürfen damit rechnen, dass sie sich mit ihren Sorgen in guter Gesellschaft befinden und wir ihnen mit Anteilnahme, Sachkenntnis und Respekt begegnen. Beim Erstgespräch suchen Eltern häufig in Übereinstimmung mit dem medizinischen Modell nach medizinischen Ursachen für die vermeintliche Diagnose, von der sie möglicherweise schon gehört oder gelesen haben. Die Vermutung einer körperlichen Ursache bedrückt sie und macht ihnen oft Angst, weil sie sich eine Gesundung nur schwer vorstellen können, wenn sie etwa mit einer bleibenden Störung der Hirnfunktionen rechnen. Die medizinische und pädagogische Fachwelt neigt zu solchen Vermutungen, die sich bis heute im Grunde nicht beweisen lassen. Gleichwohl werden Eltern mit angeblich gesicherten organischen Krankheitsursachen konfrontiert. Sie hören von genetisch vermittelten und nicht korrigierbaren Störungen des Hirnstoffwechsels und damit von einer möglichen Chronizität der Problematik.

Wir sind bemüht, die Geschichte der Sorgen und deren Ausprägung zu erfahren. In der Haltung des »Nichts ist immer« verschaffen wir dem Sorgenraum Platz, können aber auch erfahren und verdeutlichen, in welchen Situationen und Zeiten die Sorgen weniger stark waren oder sind. Wir können nach anderem und Neuen fragen und gegründet auf unsere Erfahrungen ggf. die Bedeutung des seelischen Erlebens des Kindes und der Familie sowie der innerfamiliären Beziehungen herausarbeiten.

Fallfortsetzung: Familie W.
Frau und Herr W. haben sich bereits nach möglichen Ursachen für die Lernschwierigkeiten erkundigt und umgehört. Sie wissen von Störungen der Gehirnfunktionen und fürchten solche bei ihrem Sohn. Ent-

sprechend erwarten sie von uns, dass wir ihre Sorgen wegen früherer Erkrankungen und unter Umständen bleibender körperlicher Störungen anhören und ernst nehmen. Schließlich öffnen sie sich der Beleuchtung möglicher psychologischer Vorgänge.

Tatsachen – also was jemand tut oder getan hat – wirken auf das Empfinden und Erleben und auf die Gestaltung der Beziehungen. Entsprechend tritt deren Benennung hinter die Darstellung ihrer möglichen Bedeutungen zurück. Bedeutungszuschreibungen haben ihre Quelle in individuellen, medizinischen oder gesellschaftlich vermittelten Katalogen von Bewertungskriterien. Die Tatsachen (z. B. »nässt ein«, »nimmt weg«, »spricht/handelt unverständlich«) werden als Anzeichen für eine umfassendere Problematik gedeutet. Wenn wir uns um eine Lösungsentwicklung bemühen, laden wir die Eltern beziehungsweise Familie dazu ein, sich zunächst von den vorgenommenen oder vorgeschriebenen Bedeutungen zu lösen. Zurückgekommen auf die Beschreibung von Tatsachen, eröffnen sich neue Lösungsansätze und Perspektiven.

Fallfortsetzung: Familie W.
Alexanders Lehrer beklagt bei den Eltern, dass er störe. So steht es auch in der schriftlichen Benachrichtigung durch die Schule: Alexander sei ein Störenfried in der Klasse. Im Erstgespräch ist zunächst nicht klar, was der Junge tut, das als störend empfunden wird. Es stellt sich heraus, dass Alexander nicht – wie in anderen Fällen üblich – dazwischenredet, Geräusche macht oder im Klassenzimmer herumläuft, sondern abwesend erscheint und zum Fenster hinausschaut. Er erscheint dem Lehrer nicht erreichbar, sodass er ihn andauernd mit seinem Blick verfolgt und ihn zum Mittun auffordern muss. Das stört den Lehrer dabei, das Unterrichtsgeschehen nach seinen Vorstellungen zu gestalten.

Kinder erklären sich leichter als Erwachsene dazu bereit, sich an Tatsachen zu orientieren und frühere Bedeutungszuschreibungen aufzugeben. Im Unterschied zu Erwachsenen lösen sie sich rascher von Schuldzuweisungen und argwöhnischen Haltungen, mit denen sie das Schlimme erwarten und die Bestätigung für schlechte Erwartungen suchen. Insofern wirken sie als Modell für das Verzeihen und sind Garanten des Wandels und einer optimistischen Haltung gegenüber zukünftigen Entwicklungen.

Kam eine Familie als Ganzes zu einem Erstgespräch in die Beratung oder Therapie, bieten wir im Anschluss daran neben den Familiensitzungen und Einladungen an Kinder beziehungsweise Jugendliche auch Einzelbegegnungen mit den Eltern oder Elternteilen an. Wenn es uns angezeigt erscheint, Lösungen für die Schwierigkeiten der Erwachsenen zu erarbeiten, geben wir den Eltern den eigenen Raum dafür. Wir laden in diesen Begegnungen dazu ein, deren eigene Entwicklungslinie zu thematisieren und sichtbar zu machen, welche Rolle die früheren Erfahrungen in den jeweiligen Elternhäusern heute noch spielen und in welcher Weise zum Beispiel unsichtbare innerfamiliäre Verpflichtungen das aktuelle Geschehen mitgestalten.

Wir bieten an, die Gesamtheit des Sorgenmusters der Familie aus einer Drei-Generationen-Perspektive zu betrachten, indem die Großeltern mit berücksichtigt werden. Dabei wissen wir um die Gefahr, von der Fülle an Problemdarstellungen – und also möglicherweise zu lösenden Aufgaben – überschwemmt und dadurch »lösungsunfähig« zu werden. Mit dem Fokus auf Lösungen ist es uns deshalb wichtig, dass wir uns mit der Familie auf eine Rangfolge und sehr klare, zuerst zu erreichende Ziele einigen. Damit ein realistisches Ziel ins Auge gefasst werden kann, ist bisweilen zunächst der Verzicht auf allzu viele Informationen erforderlich. Hat die Familie ein erstes Ziel erreicht, kann bei einer Bilanzierung gefragt werden, welches der nächste wichtigste Schritt sein könnte.

Fallfortsetzung: Familie W.
Herr und Frau W. haben im Gesprächsverlauf ihre Belastungen durch die Pflegebedürftigkeit der Großmutter deutlich gemacht. Frau W. wünscht sich jetzt als erste zu erreichende Lösung doch ihre Entlastung im Alltag, sodass sie sich mit besseren Nerven den Schulangelegenheiten von Alexander widmen kann. Parallel dazu wünscht sie die Abklärung der möglichen Ursachen für seine Leistungsprobleme und bittet um entsprechende Termine. Zwischenzeitlich wollen die Eltern nützliche Lösungen für die Überlastung der Mutter und die Sorgen wegen der Magersucht ihrer ältesten Tochter bedenken, die sich nicht

zum Erstgespräch einladen ließ. Sie vereinbaren einen zeitnahen weiteren Elterntermin.

Exkurs: Verschiedene Formen des Erstgesprächs

Eltern kommen mit Kindern im Alter bis zu neun Jahren

Junge Kinder verfügen prinzipiell über eine hohe Kreativität und Kunstfertigkeit, Probleme zu lösen. Die kinderpsychiatrische Forschung hatte ca. 1980 damit begonnen, Kinder nicht nur als passive Teilnehmer in der Familienumgebung zu sehen, sondern ihre generellen Kompetenzen und spezifischen Bewältigungsstrategien gegenüber belastenden Lebensereignissen vom Säuglingsalter an zu beschreiben. Sogenannte protektive (schützende) Faktoren gegen eine drohende seelische Störung konnten einerseits in der sozialen Umgebung und innerhalb der Familie, andererseits als Fähigkeiten der Kinder identifiziert werden. Können Kinder ihre konstruktive und kreative Kompetenz in den Beratungsprozess mit einbringen, bedeutet das eine erhebliche Erleichterung für die Neuentwicklung der familiären Organisation.

Es ist nicht nötig, dass Eltern glauben, sie müssten ihre jungen Kinder in den Kontakt mit dem Therapeuten drängen (»Sag mal, was du denkst!«, »Du darfst alles sagen!«). Sie können sich entspannen, wenn sie sich unserer therapeutischen Geduld sicher sein können. Wir kommen mit sehr jungen Kindern in Kontakt, wenn wir sie im Erstgespräch anforderungslos gewähren lassen, unter Umständen sogar mit dem Aufbau eines Blickkontaktes äußerst zurückhaltend sind. Vorsichtige Beobachtungen ihres Verhaltens aus dem Augenwinkel erlauben uns zu beobachten, wann sie den ersten Schritt tun, der die aktive therapeutische Kontaktaufnahme ermöglicht.

Lösen sich junge Kinder im Gesprächsverlauf vorsichtig aus dem Kontakt mit den Eltern, indem sie zunächst mit ihren Blicken den Raum erforschen oder ihr Interesse an vorhandenem Spielmaterial zeigen, lassen sie sich von uns gerne zu Zeichen- oder Gestaltungsaufgaben einladen, die sie an einem Tisch am Rande des Geschehens ausführen. Jetzt sind sie auch dazu bereit, sich aus einer hinreichend sicheren Position von uns ansprechen zu lassen und zu antworten. Sie benötigen dabei jedoch die kontinuierliche Möglichkeit der Rückversicherung bei den Eltern, indem sie vor jeder sprachlichen Äußerung oder Handlung deren zustimmenden Blick oder Körperkontakt finden können.

Fragen nach Ausnahmen, Unterschieden und Alternativen stellen wir jungen Kindern vorsichtig, mit großer Zurückhaltung und in langsamer Folge. Nicht alle sind schon in der Lage, darauf zu antworten. Es ist uns wichtig, eine Atmosphäre zu schaffen, in der sie die Erlaubnis haben, nicht zu antworten. Sehr hilfreich kann es sein, wenn wir dem Kind einen Zauberstab anbieten, es einen Zauberspruch auswählen lassen, mit dem es als Zauberer sich und den anwesenden Familienmitgliedern Wünsche erfüllen darf. Die auf diese Weise ans Licht gebrachten kindlichen Wunschvorstellungen verdeutlichen uns sowohl die kindliche Wahrnehmung der familiären Vergangenheit und Gegenwart als auch Lösungsideen des Kindes, die zu hören die Eltern bisweilen sehr überrascht.

Fallfortsetzung: Familie W.
Alexander nimmt im Erstgespräch zwischen den Eltern Platz. Vom Therapeuten angesprochen, wandert sein Blick zwischen den Eltern hin und her. Er wirkt bedrückt und schweigt, auch wenn die Eltern ihn noch so nachhaltig zum Sprechen auffordern. Als der Berater ihm einen Zauberstab anbietet und ihn auffordert, für die Eltern etwas zu zaubern, kann er sich äußern: »Ich zaubere für die Mutter einen Einkaufsbummel, für den Vater, dass Oma wieder gesund wird!« Und dazu unaufgefordert: »Für Clara, dass ihr das Essen wieder schmeckt! Dann kann ich in der Schule wieder besser aufpassen!«

Sehr junge Kinder kommentieren den Gesprächsverlauf durch ihre Handlungen, die – zusammen mit den Reaktionen der Eltern darauf – von uns sehr aufmerksam wahrgenommen werden. Fühlen sich Kinder sehr unsicher, scheinen sie das Gespräch zwischen Eltern und Therapeuten kaum aushalten zu können. Sie verfügen über nachhaltige Mittel, die aus der Situation heraus geforderte Hinwendung der Eltern zu uns zu unterbrechen: Das Spektrum reicht von kleinen Attacken auf die Eltern über die Blockade ihres Blickkontaktes mit dem Therapeuten bis hin zum Versuch, unvermittelt und schreiend den Raum zu verlassen. Wenn die Eltern sich verstanden und unterstützt fühlen, also offensichtlich der passende Gesprächsfokus gefunden wurde, bewegen sich junge Kinder meist erstaunlich sicher im Therapieraum. Die Kinder wenden sich dann ohne großes Zögern dem bereitstehenden Spielmaterial zu.

Im Erstgespräch mit anwesenden jungen Kindern achten wir darauf, dass die Eltern sich bezüglich der Sorgen um ihr Kind verstanden fühlen. Zugleich ist uns an Informationen darüber gelegen, welche Rolle das Kind im Familiengeschehen einnimmt und welche Reaktionstendenzen zu erwarten sind. Die Eltern stimmen nach einem gelungenen Erstgespräch ohne Weiteres zu, Folgegespräche unter Erwachsenen zu führen. Folgetermine mit den Kindern zu diagnostischen Zwecken können ebenso vereinbart werden. Wir planen diese so, dass es in der Entscheidung des Kindes liegt, ob und wie lange ein Elternteil anwesend ist. Die Einladung an die Eltern, an den Sitzungen ihrer Kinder teilzunehmen, lässt die Kinder unseren Respekt gegenüber den Eltern spüren und verdeutlicht, dass wir das Kind keineswegs zu einer Koalition mit uns einladen oder »Geheimnisse« wissen möchten, die den Eltern verborgen sind und bleiben sollen (Ausnahme: Arbeit mit misshandelten Kindern). Aus unserer Erfahrung ist es für ein Kind ausreichend, wenn ein Elternteil beim ersten Termin mit anwesend ist. Das schafft in der Regel ausreichend Sicherheit beim Kind (und den Eltern). Kann das Kind die Eltern gar nicht gehen lassen oder ein Elternteil nicht genügend Vertrauen aufbringen, sein Kind mit dem Therapeuten allein arbeiten zu lassen, ist es uns wichtig, dem zu folgen und zum Beispiel die Frage nach Vertrauen und Entwicklung zur Selbstständigkeit mit in den Behandlungsauftrag einfließen zu lassen, wenn sich diese Themen nicht bereits im Erstgespräch gezeigt haben.

Eltern kommen mit älteren Kindern oder Jugendlichen

Wir fragen ältere Kinder und Jugendliche im Erstgespräch, ob ihre Anwesenheit ihre eigene Entscheidung war. Mit dieser Frage wollen wir einerseits deutlich machen, dass wir dem oder der Jugendlichen einen gewisser Grad an Selbstständigkeit und -verantwortlichkeit zuschreiben, andererseits den Eltern signalisieren, dass in dem gewählten therapeutischen Setting die »informierte Zustimmung«

des oder der Jugendlichen bedeutsam ist und dass wir Jugendliche in ihrer Entscheidung respektieren.

Vor der ersten an das Kind gerichteten Frage holen wir von den Eltern die Erlaubnis ein, uns zunächst an das Kind, den Jugendlichen, wenden zu dürfen. Der bekannte Familientherapeut Luigi Boscolo hat in einem Vortrag in Heidelberg im Jahr 2002 von der Nützlichkeit der an gesprächsbereite Kinder gestellten Frage »Wer bin ich?« berichtet. Wir sehen dieses Vorgehen als eine anerkennende »Zumutung« für das ältere Kind an, die zugleich den Gesprächsrahmen klärt. Wir können so mit dem Kind in Kontakt treten und verdeutlichen, worin seine Aufgabe bestehen wird. Das Kind erlebt, dass wir auf seine Stimme hören. Die Eltern spüren die Anerkennung ihres Kindes durch uns und sehen sich entweder darin bestätigt, dass ihr Kind zu Mitteilungen in der Lage ist, oder sie erfahren – für sie vollkommen neu und überraschend – von dessen Verfassung und Wünschen.

Wortreiche Begegnungen sind für ältere Kinder und Jugendliche in der Regel eher unangenehm. Sie haben aus ihrer Sicht bereits endlose Diskussionen mit den Eltern hinter sich und gehen meist erst einmal davon aus, dass Therapeuten – weil Erwachsene – Partei für die Eltern ergreifen. Krisen im Jugendalter sind im Grunde immer mit Problemkonstellationen verbunden, die mit ungeklärten Autonomie-/Abhängigkeitsfragen einhergehen. Unsere therapeutische Haltung der »Allparteilichkeit« (Neutralität) soll in solchen Konstellationen von Beginn an für alle Anwesenden deutlich spürbar sein.

Fallfortsetzung: Familie W.
Nachdem Alexander deutlich gemacht hat, wie viele Sorgen ihm das wenige Essen seiner Schwester macht, kommen sie nun doch mit der widerstrebenden Clara zum Gespräch. Sie musste schon dauernd zum Wiegen zum Hausarzt, will eigentlich ganz in Ruhe gelassen werden. Nachdem ihr der Berater gesagt hat, das wenige Essen sei für sie wohl unverzichtbar und im Moment das für sie einzig Richtige, lässt sie sich zu einem Einzelgespräch einladen, um sich dann einmal darüber Luft zu machen, wie ihr das ewige Nörgeln der Eltern auf die Nerven geht. Schließlich will sie weiterhin in der Schule die Beste sein und fürchtet, dass sich die ständigen Ermahnungen der Eltern schlecht auf ihre Noten auswirken werden.

Jugendliche benötigen ausdrücklich die Anerkennung für ihre Anwesenheit, weil es aus ihrer Sicht eigentlich »unter ihrer Würde« ist, an einer Sitzung bei einer Psychotherapeutin oder gar einem Psychiater teilzunehmen. Es entspricht ihrem Distanzbedürfnis, wenn wir ihre Anwesenheit mit folgendem Statement kommentieren: »Jugendliche, die freiwillig zum Therapeuten gehen, sind nicht in Ordnung.« Dieser Satz löst humorvolle Reaktionen bei allen Beteiligten aus und dient der atmosphärischen Entspannung: In der Regel haben die Eltern, nicht der Jugendliche den Besuch bei uns veranlasst. Die Art und Weise, wie die Eltern in Sorge um den Jugendlichen geraten sind, erlebt dieser als eher bedrängend und lästig. Jugendliche fürchten Einflussnahmen auf das von ihnen gewählte Leben und dazu Entwertungen, die ihre noch schwache Identitätsentwicklung bedrohen. Wir signalisieren mit dem genannten Statement, dass wir von dieser Bedrängnis wissen und es für verständlich halten, wenn der Jugendliche sich dem Ansinnen seiner Eltern, eine Behandlung aufzusuchen, widersetzt hat. Das Statement gestattet ihm seinen Protest und verdeutlicht, dass er mit Respekt behandelt werden wird.

Jugendliche kommen allein

Jugendlichen fällt der Weg zum Psychotherapeuten in der Regel eher schwer. Ihre Bemühung um autonome Abgrenzung vom Wertesystem der Eltern/Erwachsenen lässt es kaum zu, der Problemempfindung der Eltern (oder Lehrer) beizupflichten. Auf der anderen Seite fällt es Eltern oder Lehrern schwer, versuchte Lösungswege der Jugendlichen zu erkennen oder anzuerkennen. Bisweilen werden darin Anzeichen seelischer Irritation gesehen und unpassend erscheinende Lösungsversuche der Jugendlichen als störende Regelverstöße bewertet. Sucht ein Jugendlicher dennoch aus eigener Motivation eine Beratung, begegnen wir ihm mit größter Wertschätzung. Er kann uns mitteilen, ob aus seiner Sicht die angestrebte Lösung eher mit oder ohne Einbeziehung der Familie zu erreichen sein wird. Auch wenn ein Jugendlicher die Einzeltherapie wünscht, können wir ihm die Einbettung seines Problems in das familiäre Miteinander und die Bedeutung seines Handelns für seine Familie verdeutlichen. Ihm wird unsere Verschwiegenheit zugesichert, solange die Abwendung von akuter Gefahr (Selbst- oder Fremdgefährdung) dem nicht entgegensteht. Der Jugendliche hat Gelegenheit, in Einzelkontakten seine Lage darzulegen, eigene Ziele zu formulieren und Wege zum Erreichen dieser Ziele zu finden. Dieses Vorgehen entspricht dem Autonomiebedürfnis von Jugendlichen und macht es auch den Eltern gegenüber deutlich.

Erstgespräch ohne Kinder oder Jugendliche

Manchmal wünschen die Eltern, dass ihre Kinder oder Jugendlichen nicht am Erstgespräch teilnehmen. Danach richten wir uns, weil die Eltern die Auftraggeber sind und verantworten, in welcher Offenheit sie mit den anstehenden Fragen umgehen wollen und können. Das kann möglicherweise ihre Unsicherheit ausdrücken oder einen Mangel an Vertrauen. Solche Charakteristika der Familienatmosphäre führen in der Folge auch zur Entwicklung von Behandlungsaufträgen, die das Familienklima um Anerkennung und Vertrauen bereichern. Vermuten wir nach dem telefonischen Erstkontakt, dass es uns nicht gelingen wird, einer entwertenden Tendenz der Eltern gegenüber ihrem Kind wirksam zu begegnen oder dass Themen zu erfragen sind, die ausschließlich auf der Erwachsenenebene gehören, schlagen wir zur Vermeidung unserer Überforderung und zum Schutz des Kindes zunächst ein Treffen allein mit den Eltern vor. In diesem Fall zeigen wir im Erstgespräch den Eltern unser Verständnis für deren momentane Verfassung und bereiten eine Behandlungssituation vor, die es dem Kind ermöglichen wird, ein therapeutisches Angebot anzunehmen.

Fallfortsetzung: Familie W.

Beim telefonischen Erstkontakt erschienen dem Berater die Eltern nicht nur sorgenvoll, sondern auch sehr wütend auf Alexander, der scheinbar ihre Hilfe nicht annehmen wolle und sich keine Mühe gebe. Zunächst waren wir daher unsicher, ob wir Alexander zum Erstgespräch einladen sollten, denn wir vermuteten, dass es dem Jungen eher schaden würde, sollten ihn seine Eltern auch in der Beratungssituation beschimpfen. Zudem wird sich Alexander kaum zur Abklärung einladen lassen, wenn er weitere Herabsetzungen fürchten muss. Als sich das Telefonat dann mehr auf das Sorgenvolle bezieht, finden wir den Mut, auch den Sohn beim Erstgespräch sehen zu wollen.

Neutralität

Als systemische Therapeuten nehmen wir eine lösungswirksame Haltung ein, die uns darauf verpflichtet, unsere Vermutungen zu erkennen, neugierig zu bleiben, Respekt zu zeigen und Neutralität zu üben. Es kann das Neutralitätsgebot sehr belasten, wenn im Fall von zerstrittenen oder getrennt lebenden Eltern ein Elternteil den anderen auch gesprächsbereiten Elternteil ausschließen möchte. In solch einer Situation erleben wir uns zu einer Koalition eingeladen, die wir nicht eingehen, um die wichtige Mitwirkungsmöglichkeit des anderen Elternteils zu erhalten. Wir versuchen, die Entwertungsneigungen des anwesenden Elternteils wachsam zu verfolgen und im Gespräch trotzdem die mögliche Mitwirkung des anderen Elternteils bei einem Folgegespräch vorzubereiten.

Wenden sich Eltern an einen Psychotherapeuten oder eine Psychotherapeutin, gehen sie häufig davon aus, dass namentlich ein älteres Kind oder Jugendlicher ohnehin nicht dazu bereit sein wird, fremde Hilfe in Anspruch zu nehmen. Misstraut ein Jugendlicher nach ungünstigen Erfahrungen oder in Übereinstimmung mit den Werten seiner für ihn wichtigen Altersgruppe jeglicher therapeutischen Einrichtung, können Eltern ihr Kind kaum oder gar nicht dazu bewegen, Beratungstermine wahrzunehmen. Das gilt auch dann, wenn zwischen Eltern und Kind das Vertrauen abhandengekommen ist. Unsere Aufgabe im Sinne des Neutralitätsgebotes ist es dann, dem Ferngebliebenen Achtung zu zollen und nicht mit der Enttäuschung oder Wut der Rat suchenden Eltern zu gehen. Wir deuten das Problemverhalten des Jugendlichen den Eltern gegenüber als einen ihm derzeit möglichen Lösungsversuch und vermeiden auf diese Weise eine Zunahme der möglichen Anklagen und Entwertungen. Wir sprechen das ältere Kind indirekt an, indem wir es in therapeutische »Hausaufgaben« mit einschließen und ihm durch die Eltern unsere Einladung zu jeder später folgenden Sitzung überbringen lassen. So wird es durch die Eltern darüber informiert, dass sie sich an einen Therapeuten um Hilfe gewendet haben, der die Lage des Jugendlichen einbeziehen möchte.

Fallfortsetzung: Familie W.
Clara ist beim Erstgespräch nicht anwesend. Als die Rede auf sie kommt, erkundigen wir uns Anteil nehmend nach ihrer Verfassung

und den Meinungen und Wahrnehmungen der Eltern dazu. Zu Hause angekommen, berichten die Eltern der Tochter von unserem Interesse auch an ihr: In der Sitzung hätten wir uns überhaupt nicht abfällig über sie geäußert. Wir könnten die Klagen der Eltern zwar nachvollziehen, hätten aber auch davon gesprochen, dass sie wohl nach einer Lösung für Probleme suche, von denen wir natürlich nichts wissen könnten. Überrascht wird Clara ein wenig neugierig auf uns und deutet vorsichtig an, uns vielleicht aufsuchen zu wollen.

Bisweilen ist ein tiefer Graben zwischen Eltern und Kind entstanden, der die Überwindung von Streitbarkeiten kaum denkbar erscheinen lässt. Auch beklagen die Eltern ihre Einflusslosigkeit auf ihr jugendliches Kind, das laut ihren Schilderungen seine Ansprüche nur noch heftig fordernd vertritt. Wir weisen dann die Eltern bei aufrechterhaltenem Respekt gegenüber allen Parteien auf die Wirkungsarmut von massiven Praktiken hin. Wir ermutigen sie, durch Intensivierung der Beziehungen und gesteigerte Präsenz die abhandengekommene angemessene Autorität zurückzugewinnen. Hilfreich ist es, wenn sie nicht »in die Knie gehen«, das heißt die Austragung jeglicher Differenzen vermeiden, sich ihren eigenen Verzicht vergegenwärtigen und verdeutlichen, welche Regeln im Zusammenleben mit dem Jugendlichen nicht verhandelbar sind. Indem die Eltern ihre Ansprüche an Selbstbestimmung wahrnehmen und anmelden (z. B. Aufteilung der familiären Territorien in Bezug auf Raum, Zeit und Geld; vgl. Omer u. von Schlippe, 2013), arbeiten sie an der Klärung ihrer eigenen Grenzen. Sie können dann mit gewachsener Souveränität Konflikte wagen. Erfährt der Jugendliche auf diese Weise, dass die Eltern für sich selbst zu sorgen in der Lage sind, wird er letztlich erleichtert sein.

Ist eine Lösung mit den Erwachsenen allein nicht zu erarbeiten, können wir den Versuch unternehmen, den abwesend bleibenden Jugendlichen dennoch mit einzubeziehen, indem wir ihn in der Gesprächsrunde unsichtbar Platz nehmen lassen. Über solches Vorgehen informiert, zeigen sich Jugendliche oft dann doch in der Beratung, weil sie sich selbst vertreten wollen.

Bausteine eines Erstgesprächs

Es ist ein Hauptanliegen familientherapeutisch geführter Arbeit, die Bedeutung der gezeigten Symptomatik für das Beziehungsgeschehen in der Familie zu erfassen. Die erste Sitzung in unserer Praxis hat für die Familie meist eine längere Vorgeschichte. Die Eltern bemühten sich zunächst allein um innerfamiliär gesuchte Lösungen, informierten sich über vergleichbare Problemlagen (Artikel, Bücher, Internet); sie standen im Kontakt mit Ärzten oder Beratern und Lehrern. Erst dann folgte der Schritt in die psychotherapeutische Praxis. Ihre Vorerfahrungen, zusammen mit Annahmen über Ursache-Wirkungs-Beziehungen, drängen sie in bester Absicht dazu, im Erstinterview mit »vollem Herzen« ihren gesamten Überblick mitzuteilen. Das nachstehende Interviewmuster (Abbildung 6) hilft den Familien und uns bei einer klärenden Strukturierung der Lösungsarbeit und stellt sicher, dass die wesentlichen Basisinformationen auch in schwierigen Problemlagen zusammengetragen werden können. Die Abbildung 6 zeigt neben den sechs Schritten beispielhaft themenbezogene Fragen, mit denen wir das Gespräch zu dem jeweiligen Gegenstand bevorzugt eröffnen. Die Interviewschritte geschehen durchaus auch in beliebiger Abfolge, je nachdem, wie sich der Gesprächsverlauf gestaltet. Wichtig ist, die Gesamtheit der Themen I. bis VI. zu erfassen. Im Folgenden werden diese sechs Themenfelder mit Bezug zum Fall der Familie W. vorgestellt.

I. Kontextklärung

Wir können nicht wissen, warum die Familie gerade zu uns gekommen ist. Deshalb erkundigen wir uns: »Wie haben Sie von uns gehört?« Damit respektieren wir die Selbstverantwortlichkeit der Hilfe suchenden Familie und erfahren von den vorausgegangenen Initiativen, die angestrengt wurden, aber offensichtlich ohne ausreichendes Ergebnis geblieben sind.

Fallfortsetzung: Familie W.

Alexanders Eltern haben eine Zeit lang versucht, ihrem Sohn selbst aus der Patsche zu helfen. Und weil das über einen längeren Zeitraum so

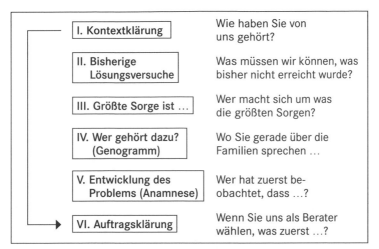

Abbildung 6: Exemplarischer Ablauf eines Erstgesprächs

lief, haben sich mehrere Personen aus der Familienumgebung eingeschaltet und Ratschläge erteilt. Zunächst lag es den Eltern fern, sich
professionelle Hilfe zu suchen. Schließlich informierten sie sich im
Internet, fanden mehrere Adressen und erkundigten sich bei anderen
Familien, ob es besser sei, einen Arzt oder einen Psychologen aufzusuchen. Noch unsicher, ob sie eine gute Wahl getroffen haben, folgen
sie nach einem Telefonat unserer Einladung zum Erstgespräch.

Die anfängliche Kontextklärung hat für die Eltern beziehungsweise
die Familie eine entlastende Wirkung, weil nicht von Beginn an die
bisher nicht gelösten und weiterhin belastenden Probleme thema-
tisiert werden. Die hier gestellten Fragen sind leicht zu beantwor-
ten. Sie ermöglichen der Familie, uns einzuordnen, die sie nun als
potenzielle Helfer in eine Reihe mit anderen Hilfe gebenden Personen stellen können.

II. Bisherige Lösungsversuche

Im Zuge der Kontextklärung berichten Eltern uns bald von ihren vorausgegangenen Bemühungen. Werden zahlreiche Anstrengungen benannt, die noch nicht zu der gewünschten Lösung geführt haben, ist in mehrfacher Hinsicht eine Frage von Nutzen, die letztlich auch eine therapeutische Bedeutung hat:»Was müssen wir können, was bisher nicht erreicht wurde?« Die Frage verdeutlicht der Familie, dass sie an uns jetzt besondere Erwartungen knüpft, weil ja endlich etwas Erfolgreiches passieren muss. Unsere Frage weist zudem darauf hin, dass wir uns offensichtlich an der Lösung für ein eher schwieriges Problem beteiligen sollen. Wir können feststellen, ob wir ein ausreichendes Problemverständnis gewonnen haben und ob uns bekannte und verfügbare Strategien anzuwenden sein werden. Ferner können wir herausfinden, ob wir einer Familie gegenüberstehen, die in die wiederholte Erfahrung von Aussichtslosigkeit und Misserfolgserwartung geraten ist und möglicherweise im Schlechten und Unlösbaren zu verharren droht.

Fallfortsetzung: Familie W.
Frau und Herr W. sind sich noch unsicher, ob ihr »Fall« tatsächlich professionelle Hilfe erfordert. Sie wissen ja von anderen Familien, dass diese alles allein geschafft haben und ein schulschwieriges Kind ohne fachliche Hilfe zu ausreichenden Leistungen kam. Im Erstgespräch von uns nach den bisherigen Bemühungen um eine Lösung gefragt, fühlen sie sich in Bezug auf ihre eigenen Anstrengungen gewürdigt und können dann eine professionelle Unterstützung annehmen, weil sie sich wegen ihrer Hilflosigkeit nicht länger schämen müssen.

Im Verlauf dieses Interviewschrittes können wir erfassen, ob es uns gelingt, in den Familienmitgliedern die Erwartung des Neuen, der möglichen Veränderung zu wecken. Ist das nicht der Fall, haben wir den Mut, unsere Kompetenz infrage zu stellen. Gelingt der Familie zum Ende des Erstgesprächs keine Formulierung eines Auftrags (Schritt VI in Abbildung 6), erscheint es uns zunächst fraglich, ob wir die Behandlung übernehmen können.

III. »Größte Sorge ist …« – Größere und kleinere Sorgen

Unsere Frage »Was ist im Moment Ihre größte Sorge?« lässt die Familie auf eine »Sorgenlandschaft« mit größeren und kleineren Schwierigkeiten blicken. Sie kann nun entscheiden, welche der Sorgen zuerst angegangen werden soll. Kleinere Sorgen zu lösen erscheint eher möglich, als sich von vornherein auf die größeren zu stürzen. Der Superlativ »größte« weist darauf hin, dass es auch kleinere Anlässe für Sorgen geben könnte, und schafft Raum dafür, zunächst leichter erreichbar erscheinende Lösungen zu finden. Dieser Prozess ist nicht nur sinnvoll, sondern auch entlastend, weil es keine Verpflichtung gibt, das Schwierigste zuerst zu leisten. Das gilt sowohl für die Familie als auch für die Therapeuten.

Fallfortsetzung: Familie W.
Uns ist bereits bekannt, dass Alexanders Eltern nicht nur durch die schulischen Sorgen belastet sind. In ihrer Sorgenlandschaft befinden sich dazu die Belastungen durch die chronisch kranke Großmutter und ihre Angst um Clara, die so sparsam mit der Nahrungsaufnahme umgeht. Nach der größten Sorge gefragt, können die Eltern eine Reihenfolge angeben, in der die anstehenden Probleme bearbeitet werden sollen. Sie können das Wichtige vom Drängenden unterscheiden: Vordringlich erscheint ihnen die Lösung von Alexanders Schulproblemen, weil er vielleicht nicht versetzt wird. Als wichtig beurteilen sie aber auch die Entlastung von der Fürsorge um die Großmutter und die Wiederherstellung der Gesundheit ihrer Tochter Clara. Sie fühlen sich verstanden, weil alle Schwierigkeiten der Familie von uns gesehen werden.

Allzu oft sind Problemlagen innerhalb der Familie von Enttäuschung, Vorwürfen und Wut begleitet. Die Einführung des Sorgenthemas macht die Beziehungsaspekte bewusst, die mit dem als problematisch empfundenen Verhalten verbunden sind, und klärt, wie die einzelnen Familienmitglieder von der vorgestellten Problematik betroffen sind. Damit wird die Sorgenlandschaft erweitert: Belastend ist möglicherweise nicht nur, was ein (unter Umständen angeklagtes) Familienmitglied tut, sondern auch, wie die anderen damit umgehen.

IV. Wer gehört dazu? (Genogramm)

Im Zusammenhang mit der Differenzierung der Sorgenlandschaft bietet sich die Erstellung eines sogenannten Genogramms an. »Wo Sie gerade über die Familie sprechen: Wer gehört dazu?« Diese offene Frage fordert erneut dazu auf, zunächst von der weiteren Erörterung der Problemlage Abstand zu nehmen und darüber nachzudenken, wie die Familienmitglieder in einer Drei-Generationen-Perspektive verbunden sind und möglicherweise an dem zu lösenden Geschehen teilhaben. Wir erkundigen uns eingehend nach der Zusammensetzung der Familie, fertigen eine Familienskizze an und erhalten dabei die Möglichkeit, die stets mit emotionaler Beteiligung gegebenen Informationen qualitativ zu bewerten.

Fallfortsetzung: Familie W.
Das in Abbildung 7 als Beispiel skizzierte Genogramm der Familie W. zeigt die Sorgenlandschaft und verdeutlicht auch die Belastungsfülle der Mutter, die sich gezwungen sieht, für ihre Mutter, den Sohn und die Tochter zu sorgen, und mittlerweile in hohem Maße erschöpft ist. Sie hat sich mit ihrer Schwester entzweit, die sich nicht auf eine Mithilfe einlassen will. Ihren beruflich außerordentlich eingespannten Mann mag sie nicht belasten.

Wir gelangen so zu nützlichen Hypothesen unter anderem über die Nähe-Distanz-Beziehungen zwischen den genannten Familienmitgliedern, Akzeptanz oder Ablehnung der Elternverbindung oder Elternteile durch die Großfamilie, alte, »unerledigte Geschäfte«, Hinweise auf wenig beachtete Problemlagen bei anderen Familienangehörigen, die materielle und soziale Situation der Familie und möglicherweise ausgeblendete Familienmitglieder. Wir prüfen auf diese Weise die erhobenen Daten auf ihren Informationsgehalt in Bezug auf die vorgestellte Problematik und deren Entwicklung. Wir stellen Vermutungen darüber an, auf welche Weise und unter Beteiligung welcher Familienmitglieder eine Lösung angestrebt werden könnte.

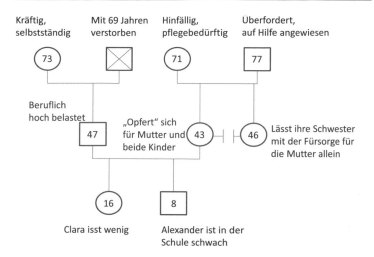

Abbildung 7: Genogramm der Familie W.

V. Entwicklung des Problems: Bekanntes erfahren, Unbekanntes entdecken

Jedes Ereignis hat seine Vorgeschichte, jede Situation und jeder Zustand hat seine Entwicklung. Diese zu erfahren, ist das Ziel, wenn wir medizinische und psychologische Anamnesen (Vorgeschichten) erheben. Indem allen Beteiligten deutlich wird, was früher geschehen ist, erhellen sowohl unsere Fragen als auch die Antworten mögliche Ursache-Wirkungs-Beziehungen zwischen früheren Ereignissen und den jetzigen Fakten und Umständen. Unser Interview ergänzt das in der Medizin übliche Verfahren, eine Anamnese zu erheben, um eine bereichernde Dimension. Fragen zu stellen liefert auch Daten über das bisher »nicht Bedachte« und erzeugt auf diese Weise nützliche Informationen. Diese Vorgehensweise wenden wir dann an, wenn uns ein neuer, anderer Überblick notwendig erscheint, der die bisherige Sichtweise erweitert oder korrigiert. Die Abfrage der Vorgeschichte führt zu Kenntnissen über bekannte Ereignisse und Verhaltensweisen. Fließen in das Interview nützliche Hypothesen ein, dann erfolgt dadurch ein Zuwachs an Informationen, weil nun auch neu Denkbares seine Berücksichtigung findet.

Fallfortsetzung: Familie W.
Alexander erschien im Kindergarten als ein cleverer und lernbereiter Junge. Entsprechend überzeugte er bei der Einschulung seine Eltern und Lehrer. Es machte seine Eltern sehr betroffen, als seine Leistungen dann in der Schule nachließen. Seine Lehrerinnen und Lehrer beurteilen ihn weiterhin als intelligent und finden keine Erklärung für die plötzlich schlechteren Leistungen. Solange der Blick sich nur auf Alexander richtet, wird sein Leistungsabfall nicht verständlich. Auch Zusatzunterricht brachte keine Abhilfe. Eine Überprüfung seiner Begabungsausstattung ist noch nicht erfolgt. Seitdem die Eltern die zunehmende Hilflosigkeit der Großmutter und die vor zwei Jahren beginnende Magersucht bei Clara erleben, vermuten sie negative Auswirkungen auf Alexanders Konzentration und Lernmöglichkeiten. Sie schlagen uns deshalb in der aktuellen Beratung neben einem Intelligenztest zur umfassenderen Klärung seiner seelischen Lage eine psychologische Untersuchung vor.

Die systemische Art der Erfragung der Vorgeschichte nach denkbaren Verhaltensweisen oder -mustern der Familienmitglieder und die Hervorhebung von Beziehungsaspekten, an die bisher in diesem Zusammenhang niemand gedacht hatte und die Neues bedeuten, erweitert den Horizont aller Beteiligten. Somit arbeiten wir nicht nur heraus, was bekannt ist, sondern beleuchten auch, was bisher verborgen war und für die Problemlösung von Bedeutung sein könnte.

Im Verlauf eines wie oben beschriebenen hypothesengeleiteten Erstgesprächs bekommt die Familie ausreichend Zeit, die wahrgenommenen Schwierigkeiten darzustellen. Das ist als Signal des Respekts vor den Sorgen und gegenüber dem Mitteilungswunsch der einzelnen Familienmitglieder außerordentlich wichtig. Bisweilen ist der problembezogene Rededrang so stark, dass der eine oder die andere sich erst einmal »Luft machen« muss. In anerkennender und verständnisvoller Haltung können wir von Fall zu Fall entscheiden, ob und wann wir bei Entwicklung eines wenig konstruktiven Berichts den Klagefluss stoppen dürfen, ohne den Sprecher zu brüskieren. Wenn die Eltern die Problementwicklung darstellen, bietet sich auch die Gelegenheit, auf solche Episoden und Zeiten zu fokussieren, als »alles noch in Ordnung war«. Die Eltern kommen dann dazu, Angaben zu ihren verfügbaren Kompetenzen und Ressourcen zu machen, die sie in der Vergangenheit zur Lösung eines Problems erfolgreich eingesetzt haben. Damit können wir die Erwartungshaltung wecken, dass trotz aller erlebten Schwierigkeiten Neues denkbar ist, nicht alles so bleiben muss, wie es seit längerer Zeit als belastend erlebt wird.

VI. Auftragsklärung

Das Erstgespräch schließen wir mit von der Familie formulierten Aufträgen ab. »Gesetzt den Fall, ich wäre der geeignete Berater, welches Problem soll zuerst gelöst werden?« Mit dieser Frage fordern wir die anwesenden Familienmitglieder dazu auf, sowohl den bisherigen Gesprächsverlauf als auch uns als Berater zu bewerten. Sie erfahren so erneut Anerkennung und Respekt und können einen Auftrag formulieren, wenn sie ausreichend Vertrauen fühlen. Fällt die Auftragsbenennung global aus (z. B. »Mein Kind soll glücklich werden!«), obliegt es der therapeutischen Kunst, daraus mit der Familie erreichbare und somit überprüfbare Ziele zu entwickeln. Wir berücksichtigen dabei, dass offensichtliche (explizite) von eher verborgenen (impliziten) Zielsetzungen zu unterscheiden sind. Explizite Zielsetzungen sind solche, die offen benannt werden, zum Beispiel: »Alexander soll das Klassenziel erreichen!«. Implizite Zielsetzungen werden zunächst nicht ausgesprochen, sind nicht unbedingt mit der zuvor mitgeteilten Problemlage verknüpft und ergeben sich aus unseren Hypothesenbildungen.

Fallfortsetzung: Familie W.

Aus der therapeutischen Perspektive vermuten wir, dass Frau W. sich darauf verlegt hat, alles allein schaffen zu wollen, und daher Alexanders Vater nicht mit einbeziehen will. Wir richten an Herrn W., der sich enttäuscht und mit dem Gefühl der fortgesetzten Entwertung aus dem familiären Geschehen zurückgezogen hat, folgende Möglichkeitsfrage: »Nehmen wir einmal an, Ihre Frau würde Ihnen wieder Ihre Bedeutung für die Erziehung von Alexander einräumen und Sie das fühlen lassen, wie würde sich das auf den Schulerfolg Ihres Sohnes auswirken?«

Bestätigt der Vater seinen Wunsch nach Zunahme seiner pädagogischen Bedeutung für seinen Sohn, dann träte damit ein implizites Ziel an die Oberfläche: Vor einer symptomorientierten Behandlung aus Anlass des Schulversagens kann bei der beschriebenen Arbeitsweise ergänzend eine Beziehungsklärung geschehen. Wir können die Lösung des impliziten Problems als bedeutsam für den Wandel des expliziten Schulproblems einschätzen. Im Fallbeispiel würde das bedeuten, über die Beziehungsklärung dem Vater dabei zu helfen, wieder Anerkennung in der Familie zu finden und Kraft für seine Mitwirkung an der Lösungsarbeit zu entwickeln.

Mithilfe der Erkenntnisse aus dem Erstgespräch mit den Schritten I. bis VI. können wir nach Auftragserteilung durch die Eltern das weitere Vorgehen mit der Familie abstimmen. Wir vereinbaren ein Setting: Wer kommt wann zusammen mit wem? Bleibt es bei weiteren Einladungen an die ganze Familie? Sind die Großeltern einzubeziehen? Braucht es unmittelbare Hilfestellungen für die magersüchtige Schwester? Sollen Lehrpersonen aktiv beteiligt werden? Erscheint es ratsam, zunächst mit den Eltern allein fortzufahren, und besteht die Veranlassung, eine diagnostische Episode mit dem Kind erst danach anzuschließen?

Einzel- und Familiendiagnostik

Nachdem wir von der Familie einen Behandlungsauftrag erhalten haben, bemühen wir uns um einen Einblick in die seelische Verfassung des Kindes beziehungsweise Jugendlichen und in dessen Erleben der familiären Beziehungen. Wenn es zielführend ist, legen wir auch Wert auf die Intelligenzmessung. Wir stützen uns auf in der Kinderpsychiatrie und -psychotherapie bewährte diagnostische Testverfahren und Materialien zur Familiendiagnostik, mit der die Wahrnehmung des Kindes von der Struktur der Familie und von der Dynamik der Familienbeziehungen beleuchtbar ist. Angezeigte Intelligenzmessungen nehmen wir erst dann vor, wenn das Kind zu uns Vertrauen entwickelt hat.

Wir teilen die psychotherapeutische Erfahrung, dass gerade junge Kinder das Besprechen ihrer seelischen Verfassung und der familiären Beziehungen verunsichert und daher sehr schwerfällt. Dagegen können sie sich leichter äußern, wenn sie zum Zeichnen und Bauen eingeladen werden. Bei den von uns eingesetzten psychodiagnostischen Verfahren handelt es sich um eher leicht lösbare Gestaltungsaufgaben mit Papier und Bleistift und mit standardisiertem Testmaterial. Wir registrieren das kindliche Verhalten während der erbetenen Gestaltungen und nehmen die gefundenen Lösungen für einfachere Zeichentests ohne Kommentare entgegen. Hat das Kind komplexere Aufgabenstellungen gelöst, bitten wir um die Erläuterung der Ergebnisse. Als systemische Therapeuten nutzen wir all diese Testergebnisse zur Überprüfung und Erweiterung unserer Hypothesen, auf die wir unsere Veränderungsarbeit stützen.

Gestaltungsaufgaben

Zu Beginn der diagnostischen Arbeit versichern wir den Kindern, dass all ihr Tun auf Freiwilligkeit basiert, sie also eine erbetene Gestaltungsaufgabe oder Erklärungen für die von ihnen gefunde-

nen Lösungen ablehnen können. Jugendliche weisen wir auf unsere
Schweigepflicht hin. Indem sie unsere Anerkennung erleben, lässt
sich eine gute und tragfähige Beziehung zwischen uns und dem Kind,
dem Jugendlichen, anbahnen. Wir sind immer wieder davon überrascht, mit welcher Genauigkeit Kinder ihre Wünsche für Problemlösungen, die wir als »Lösungsfinder« leisten sollen, äußern können.
Solche Wünsche werden im Verlauf der Gestaltungen gezeigt oder
auch währenddessen vorgebracht. Die Kinder spüren den ihnen
gezeigten Respekt und die Bedeutung, die ihnen als Mitwirkende für
positive Veränderungen zukommt. Es erleichtert sie, wenn wir ihnen
von Anfang an die Verteilung der Verantwortung verdeutlichen: Welche Aufgaben haben die Eltern oder Lehrer zu lösen und was liegt
in den Möglichkeiten der Kinder, die bisweilen mit einem großen
Belastungsgefühl unpassend Verantwortung übernehmen wollen.

Ist eine Kontaktaufnahme gelungen, nehmen Kinder ohne
Zögern die Bitte zum Ausführen von Gestaltungsaufgaben an und
können dann auch auf die Anwesenheit eines Elternteils verzichten.
Einfachere Zeichenaufgaben vermeiden einen möglichen Konflikt im
Kind, ob es sich äußern soll oder nicht (»Zeichne einen Menschen,
einen Baum und ein Haus!«). Dagegen berühren die sprachfreien
psychodiagnostischen Verfahren »Verzauberte Familie« (Kos u. Biermann, 2002), der Scenotest von v. Staabs (mit Handbuch von Fliegner, 2004), ein Familienbrett sowie ein Satzergänzungstest (modi-
fiziert nach Biermann, 1991) eingehend das seelische Erleben des
Kindes.

Fallfortsetzung: Familie W.
Alexander zeichnet folgende »verzauberte Familie«: Der Vater bewegt
sich in ein Auto verzaubert von den anderen Familienmitgliedern weg.
Die Mutter erscheint als alles überragende Giraffe mit auffallend dünnen Beinen. Ein sehr schlankes Strichmädchen, das von Alexander als
16 Jahre alt bezeichnet wird, steht am Herd und kocht. Ein Junge, der
noch ein Kindergartenkind sein soll, spielt mit seiner Holzeisenbahn.
Auf unsere Bitte hin erläutert Alexander: Der Vater sei mit seiner Ver-
zauberung einverstanden. Dagegen klage die Mutter über ihren langen
Hals und die viel zu dünnen schwachen Beine. Sie wolle unbedingt
zurückverzaubert werden. Dazu brauche sie die Unterstützung des

Vaters, der nicht wegfahren soll. Dem Mädchen gefalle das Kochen gut, sie möchte das aber lieber durch die Mutter erledigt sehen. Der Junge wolle ein Kindergartenkind bleiben, weil er sich dann nicht anstrengen müsse.

Wir benutzen ein von der Psychiatrischen Klinik in Bern entwickeltes Familienbrett. Die größeren und kleineren Figuren sind als weiblich und männlich erkennbar. Die Gesichter enthalten wie bei anthroposophischen Puppen keine Details und laden somit zu Projektionen der Testperson in deren Gesichtsausdruck ein. Auf der Arbeitsfläche können die Figuren mit ihrer Blickrichtung näher oder ferner zueinander aufgestellt werden. Gemäß einer Anregung durch Ludewig (1992) können Ist-Zustand, Ideal-Zustand und Katastrophenkonstellation ausgedrückt werden.

Fallfortsetzung: Familie W.

Auf dem Familienbrett bezieht Alexander auch die Großmutter ein. Die Mutter richtet ihren Blick auf sie. Nah zu ihren Füßen stellt Alexander sich als Kleinkindfigur zur Mutter. In größerer Entfernung und mit von der Familie weg gerichtetem Blick wird der Vater positioniert. Die Schwester ist so groß wie ihre Mutter, steht in der Mitte zwischen den Eltern und blickt aus der Familie hinaus.

Beide szenischen Darstellungen bilden Alexanders Wahrnehmung vom familiären Geschehen ab. Er stellt die Anstrengung der Mutter dar, die sich mit Anspruch auf Überblick um alles kümmert und dabei auf sehr dünnen Beinen steht. Er sieht den Vater als von der Mutter und der Familie abgewendet und mit anderem beschäftigt. In beiden Verfahren gibt er seinem Wunsch Ausdruck, kleiner und jünger zu sein. Den Widerspruch zwischen dem Dünnsein des Mädchens, das weder Nähe zur Mutter noch zum Vater hat, und ihrem Interesse am Essen stellt er deutlich dar.

Der von uns verwendete Satzergänzungstest umfasst 53 halbe Sätze und stellt hohe Anforderungen an Durchhaltevermögen und Konzentrationsfähigkeit des Kindes. Die durch das Kind vorgenommenen Ergänzungen beleuchten neben Selbstwertgefühl und Gewissensausprägung die Wahrnehmung der Beziehungen zu den Eltern und Geschwistern, das Verhältnis zu Gleichaltrigen sowie Erfahrungen in der Schule und mit Lehrpersonen.

Intelligenzmessungen

Wenn der Schulerfolg im Sorgenzentrum steht, prüfen wir die Begabungsausstattung. Zeigt sich eine für einen Schulerfolg ausreichende Intelligenz, versuchen wir zu klären, welche Einflüsse die Verfügbarkeit der Begabung einschränken (s. Kapitel »Klärung von Leistungsschwächen«). Zur Bestimmung der Intelligenz stehen erprobte und aussagekräftige Messverfahren zur Verfügung, die wir im Anschluss an die oben beschriebene Psychodiagnostik einsetzen. Haben die Kinder oder Jugendlichen uns kennengelernt und ein ausreichendes Vertrauen entwickelt, fällt es ihnen leichter, sich auf die Testsituation einzulassen und ihr Bestes zu geben.

Zur Orientierung über die Begabungsausstattung bei Schulanfängern setzen wir sprachfreie Tests ein, beispielsweise den CFT 1-R (Weiß u. Osterland, 2012). Unsere Beobachtung des Testverhaltens liefert Hinweise zu Koordinationsleistungen auf Grundlage der Entwicklung feinmotorischer Fähigkeiten sowie zu Aspekten des Arbeitsstils: Bisweilen lassen sich die Kinder zu wenig Zeit oder haben noch keine Motivation, ihre Leistungen zu überprüfen. Teilleistungsschwächen beim Umgang mit der geschriebenen Sprache und mit Rechenaufgaben können etwa mit dem Diagnostischen Rechtschreibtest (Grund, Haug u. Naumann, 1998) und verschiedenen Instrumenten zur Analyse von Dyskalkulie-Problemen (Rechenschwächen) differenziert beschrieben werden (s. Kapitel »Klärung von Leistungsschwächen«). Bedeutsame Schwächen in diesen Bereichen können mittels heilpädagogischer Methoden ausgeglichen oder zumindest abgemildert werden.

Bei Kindern ab acht Jahren beschreibt der HAWIK-IV (Petermann u. Petermann, 2008) ihre Sprachkompetenz, das logische Denkvermögen, Arbeitsgedächtnis und die Verarbeitungsgeschwindigkeit. Wir haben die Erfahrung gemacht, dass eine geringe Verarbeitungsgeschwindigkeit bei sonst guten Messwerten auf die Präsenz von Sorgen hinweist.

Das Prüfsystem für Schul- und Bildungsberatung PSB-R (Horn,

2004) ist an den schulischen Anforderungen orientiert und erlaubt daher eine Voraussage des Schulerfolgs zwischen der 6. und 12. (bzw. 13.) Klasse. Das Profil der neun beziehungsweise zehn Untertests lässt Stärken und Schwächen erkennen und ermöglicht damit die Konzipierung von gezielten Unterstützungen in der Lerntherapie. Wir nehmen die Bewertung der einzelnen Leistungen und des Gesamtergebnisses vor dem Hintergrund unserer Verhaltensbeobachtung im Testverlauf vor: Nutzen die Kinder oder Jugendlichen die verfügbare Arbeitszeit oder bemühen sie sich um eine hohe Leistungsgeschwindigkeit, weil sie sich dann als besonders tüchtig einschätzen? Geben sie sich selbst entmutigende Kommentare, wenn ihnen eine Aufgabe als zu schwer erscheint? Wir bevorzugen, testpsychologische Diagnostik im Einzelkontakt vorzunehmen, weil bei Gruppenuntersuchungen zwar ein Endergebnis zu ermitteln ist, das individuelle Testverhalten aber nicht ausreichend beobachtet werden kann.

Diagnostische Gespräche mit Jugendlichen

Bei Jugendlichen sehen wir das diagnostische Gespräch als notwendig an und begnügen uns nicht mit den oben beschriebenen Testinstrumenten. Wir erhalten ein vollständigeres Bild von der Persönlichkeit und geben dem Jugendlichen die Möglichkeit, seine Position und seine Wahrnehmung mitzuteilen. Ein konstruktives Gespräch mit Jugendlichen hat zur Voraussetzung, dass es uns gelingt, ihre Sprache zu erfassen und zu sprechen. Wir sind darum bemüht, die Zahl unserer Worte möglichst gering zu halten und vor allem bei Jungen deren nonverbale Signale zu beachten, weil sie, überwältigt von ihren Gefühlen, im Unterschied zu Mädchen größere Schwierigkeiten haben, ihre Anliegen und Botschaften zu formulieren.

Spüren Jugendliche erst einmal unser Interesse an ihrer Persönlichkeit und unsere Wertschätzung für ihre Ansprüche an Selbstbestimmung, können sowohl Jungen als auch Mädchen recht genau über ihre Verfassung Auskunft geben und ihre Anliegen zum Ausdruck bringen. Neigen Jugendliche zu sprachlichen Äußerungen wie »Keine Ahnung«, »Weiß nicht«, »Ist egal«, um damit lieber nichts über ihre Gefühle und Beziehungen zu sagen, geben wir ihnen Zeit und nutzen unsere Interviewtechnik, die auf die Herausarbeitung von Unterschieden bei Personen, Qualitäten und Zeit zielt. Wir sehen unsere therapeutische Aufgabe auch darin, Jugendliche aus der Verstrickung in Generalisierungen und Undifferenziertheiten zu lösen, damit sie Auswege aus ihren Belastungen finden. Entdecken sie im Verlauf der diagnostischen Gespräche neue Sicht- und Handlungsmöglichkeiten, entfernen sie sich von der Bedrohung durch eine sie isolierende depressive Stimmungslage und fühlen sich eher dazu motiviert, ihre ihnen (wieder) spürbaren Ressourcen zu nutzen und besser für sich zu sorgen. Wir nehmen immer wieder wahr, mit welchem Engagement sich Jugendliche Aufgaben aufladen, die sie nicht erfüllen können. Bleiben sie in solcher Verantwortung verhaftet – etwa für die Gesundheit und die seelische Verfassung anderer Familienmitglieder –, bilden sie oft Verhaltensweisen aus, die zu psychiatrischen Diagnosen veranlassen. Wir zollen ihnen dann unseren Respekt, versuchen aber mit Blick auf die gegebene Familiendynamik die Verteilung der Verantwortung zu verdeutlichen und dorthin zurückzugeben, wo sie ihren Platz hat. Im Fall von Schulschwierigkeiten – Leistungsprobleme oder nicht gelungene soziale Integration – kann den Jugendlichen dann der mögliche Erfolg gelingen.

Zwei Fallbeispiele: Jugendliche überfordern sich mit der Übernahme von Verantwortung

1. Erich Kästner erzählt in seinem Jugendbuch »Das fliegende Klassenzimmer« (1933) von einem Jugendlichen, der dem Unterrichtsgeschehen fernbleibt und deshalb immer wieder durch die Schule, ein Internat, mit Arrest bestraft wird. Er kann die Schule nicht kontinuierlich besuchen, weil seine Mutter krank ist und er ihr helfen will. Er nimmt die Strafen auf sich und opfert sein angenehmes Leben als Schüler, weil er der Verpflichtung zur Unterstützung seiner Mutter unbedingt nachkommen will.

2. Aus unserer Praxis: Der 18-jährige Michael scheitert kurz vor dem Abitur in der Schule. Er wirkt verwirrt und beschreibt körperliche Irritationen, für die keine medizinische Ursache zu finden ist. Nach mehreren Wochen Klinikaufenthalt kommt er zu uns in die Praxis. Während der Wiederholung der 13. Klasse findet Michael mit unserer Hilfe heraus,

dass er sich für das Wohlergehen beider getrennt lebender Elternteile verantwortlich fühlt, obwohl diese längst neue Verbindungen eingegangen sind und neue Familien gegründet haben. Als Schüler hatte er genügend Zeit, sich beiden Eltern zu widmen, obwohl sie 600 km voneinander entfernt leben. Kurz vor dem Abitur wurde er von Angst überfallen, er könne als Student dieser Aufgabe nicht mehr nachkommen. Im Behandlungsverlauf realisiert er während weniger familientherapeutischer Sitzungen, an denen seine getrennten Eltern teilnehmen, die gut zurechtkommen und wirkliches Interesse an ihm haben, dass er im Grunde um die Fürsorge der Eltern um ihn selbst fürchtet. Nachdem er das erkannt hat und sicher fühlt, dass seine Eltern an seinem Leben Anteil nehmen, kann er beruhigt seinen Entwicklungsaufgaben nachkommen. In der Folge gelingt ihm das Lernen gut, und er schafft einen bewundernswerten Abiturschnitt. Einige Jahre später berichtet Michael uns von seinem Studienerfolg und seiner gelingenden Selbstständigkeit.

Möglichkeiten der therapeutischen Zusammenkunft

Wollen wir in der familienorientierten systemischen Arbeit Auffälligkeiten von Kindern und Jugendlichen einordnen und verstehen, bewährt sich die Berücksichtigung der Drei-Generationen-Perspektive. Das hat eine mehrfache Begründung: Die Eltern haben als Kinder ihrer Eltern erfahren, wie Elternsein aussehen kann. Diese Erfahrungen vermitteln ihnen im günstigen Fall einen großen Teil ihrer Kompetenz, auf die sie nun ihrerseits in der Elternrolle intuitiv zurückgreifen können. Ungünstige Erfahrungen in ihrem Elternhaus, wie Abwesenheit oder Verlust eines Elternteils oder ein als bedrückend erlebter Erziehungsstil, bedeuten eine Erschwernis bei der Erziehungsarbeit mit den eigenen Kindern. Nur zu oft gestatten die Großeltern ihren Kindern kein selbstbestimmtes Leben und beanspruchen, wichtiger zu sein als ihre Enkel. Das kann die seelische Verfügbarkeit der Eltern zum Nachteil ihrer Kinder einschränken, ihre Kompetenz begrenzen und schwächen. Auf Grundlage der Familiendiagnostik und des Therapieverlaufes überprüfen wir immer wieder neu, welche Einladungsform aktuell für eine Lösungsfindung am hilfreichsten sein könnte.

Arbeit mit der vollständigen Familie

Wie bereits beschrieben, laden wir in der Regel die vollständige Familie zum Erstgespräch ein. Präsentiert sich eine Familie mit funktionierender Abgrenzung der Generationenebenen, wird die Lösungsarbeit unter Mitwirkung der vollständigen Familie gut gelingen. Stand ein Kind, namentlich ein Jugendlicher, schon längere Zeit und mit Strenge betrachtet im Zentrum der Sorgen und hat ein Störungsbewusstsein entwickelt, kann es seiner Entspannung dienen (»Nicht immer ich!«), wenn neben ihm auch seine Geschwister einbezogen werden und anwesend sind.

»Tandem«-Arbeit

In der Praxis erleben wir es als nützlich, sowohl die vollständige Familie als auch Teile davon zu sehen. Nach dem Erstgespräch werden in der Regel beteiligte/betroffene Kinder zu klärenden Sitzungen eingeladen, in denen wir, wie oben beschrieben, diagnostische Verfahren anwenden (s. Kapitel »Einzel- und Familiendiagnostik«). Anschließend werden die Eltern junger Kinder (je nach familiärer Situation die Elternteile ggf. getrennt) über die Ergebnisse informiert: Was haben wir in den Begegnungen mit ihrem Kind erfahren, welche Ergebnisse haben die eingesetzten Verfahren geliefert? Verschiedene Fragen werden zusammen besprochen, so zum Beispiel: Müssen die zuvor entwickelten Hypothesen verändert werden? Ist eine Neudefinition der Behandlungsaufträge nötig? Welche Ziele werden am besten in der Arbeit mit der vollständigen Familie zu erreichen sein? Erscheint die Einladung von Familienteilen angezeigt? Ist die Einbeziehung weiterer Personen (Großeltern, Lehrer) zu erwägen?

Wird die Therapie durch Probleme bei jungen Kindern veranlasst, richtet sich der größere Teil der folgenden Interventionen an die Eltern, da sie die familiären Entwicklungsbedingungen gestalten. Ältere Kinder und Jugendliche hingegen benötigen neben der Arbeit mit der vollständigen Familie und den Eltern angesichts ihres berechtigten Anspruchs auf Autonomie Einzelkontakte. Dort geben wir ihnen die Möglichkeit, eigene Lösungsschritte zu konzipieren, zu unternehmen und dadurch eingetretene Veränderungen zu besprechen.

Bilanzen und Therapieende

Im Verlauf der Therapie in den verschiedenen möglichen Settings orientieren wir uns gemeinsam mit der Familie (bei schulischen Problemen unter Umständen auch mit den Lehrerinnen und Lehrern) kontinuierlich darüber, ob die gegebenen Aufträge erfüllt oder Teilziele erreicht wurden. Es erscheint uns im Sinne einer kontinuierlichen Ausrichtung auf Lösungen nützlich, sich immer wieder auf die ursprüngliche Auftragsformulierung zu beziehen und dann hervorzuheben, welche Neukonzeptionen unsere therapeutische Arbeit bestimmen.

Fallfortsetzung: Familie W.

Drei Monate nach Therapiebeginn kommt Familie W. zu einem Zwischenbilanzgespräch zusammen. Die Auftragslage hat sich geändert. Alexander hat begonnen, seine erneut im Test belegte Begabung zu nutzen, und hat erste Erfolge in der Schule gezeigt. Der Vater hat Zeit dafür geschaffen, sich mehr der Familie zu widmen. Beiden Eltern ist es gelungen, die Schwester der Mutter in die Fürsorge für die Großmutter einzubinden. Im Zentrum der elterlichen Sorge steht nun das magersüchtige Verhalten von Clara, die noch keine wesentlichen Änderungen ihres Essverhaltens entwickelt hat. Dafür eine Lösung zu finden, soll nun im Zentrum der Arbeit mit der Familie stehen.

Bilanzen führen entweder zur Beendigung des Auftrags, zu dessen Veränderung oder zum Benennen einer neuen Zielsetzung. Bewährt hat sich eine Bilanzierung/Zwischenbilanzierung gemäß der von de Shazer (1989) vorgeschlagenen Skalierungsmethode. Es wird dabei um die Einschätzung des auf die Aufträge bezogenen therapeutischen Fortschritts auf einer Skala von 0 bis 10 gebeten, die zunächst ohne weitere inhaltliche Beschreibung gegeben werden soll. Haben die Familienmitglieder ihnen noch zu gering erscheinende Fortschritte registriert, können wir dabei behilflich sein, bleibende oder zu erweiternde Aufträge zu besprechen.

Fallfortsetzung: Familie W.

Die von der Familie W. geschilderte Auftragslandschaft umfasste zunächst die Schulproblematik bei Alexander, dann die zu hohe Belastung der Mutter durch ihre Fürsorge für die Großmutter und schließlich die Essstörung bei Clara. Die erbetenen Skalierungen hatten als Ergebnis: Beide Eltern erleben gute Fortschritte bei Alexanders Verhalten in der Schule und beim Engagement seiner Tante für die Pflege der Großmutter. Beide Sorgenfelder treten in ihrer Bedeutung hinter die Magersuchtproblematik bei Clara zurück.

Die Therapie ist beendet, wenn die erbetenen Lösungen erreicht sind und von der Familie keine weiteren Aufträge gegeben werden. Kurt Ludewig (1992) hat darauf hingewiesen, dass Therapeuten es zwar selbstverständlich finden, eine Behandlung zu beginnen, wenn die Familie ein Anliegen vorbringt und entsprechend ihren Auftrag erteilt, dass es aber den Zweifel eines Therapeuten hervorrufen kann, wenn Familien die Behandlung beenden wollen, weil sie der Meinung sind, ihr Anliegen sei erledigt. Stimmen Therapeut und Familie darin überein, dass eine Lösung erreicht wurde, ergibt sich daraus unzweifelhaft das Ende der Behandlung. Wenn wir uns unsicher sind, ob es zu früh sein könnte, die gemeinsame Arbeit zu beenden, prüfen wir mittels geeigneter, auf die Zukunft gerichteter Fragen die Stabilität des Arbeitsergebnisses: »Nehmen wir einmal an, die erreichte Lösung geriete demnächst in Vergessenheit, mit welcher Entwicklung würde die Familie dann rechnen?« Oder positiver: »Wie gut wird das erreichte Ziel dafür sorgen, dass andere zukünftige Aufgaben ebenso gut bewältigt werden können?« Umgekehrt ist es möglich, dass unserer Meinung nach die Therapieziele erreicht sind, aber die Familie noch Behandlungsnotwendigkeiten sieht. Wir räumen dann einen Irrtum ein und sehen uns zu einer erneuten Betrachtung der Sorgenlandschaft veranlasst.

Grundsätzlich können wir das Therapieende betreffend zwei Fehler machen: Entweder geschieht der Abschluss zu früh oder zu spät. Es mag Folge eines unberechtigten Optimismus sein, wenn wir einer Familie zutrauen, in Zukunft ohne uns zurechtzukommen. Ebenso könnte unser Überblick unvollständig sein und wir wissen nicht, dass in der Familie noch wichtige Sorgen bestehen, dass sie sich alleingelassen fühlen würde, wenn wir sie trotz weiterer Lösungsnotwendigkeiten aus der Therapie entlassen. Andererseits könnte unsere eigene Wahrnehmung von Problemen in der Familie oder bei einzelnen Mitgliedern deren Lösungskompetenz überdecken. In solch einem Fall laufen wir Gefahr, der Familie Schwächen bei ihrer eigenen Bewältigungskraft zuzuschreiben und sie zu verunsichern, wenn wir die Behandlung fortschreiben wollen. In beiden Fällen bietet die oben beschriebene Skalierungstechnik die Grundlage für einen Austausch darüber, wann der richtige Abschlusszeitpunkt gekommen ist.

Umgang mit der Informationsfülle:
Ordnen und Strukturieren

Schulkinder handeln innerhalb eines komplizierten Systems, in dem eine große Zahl von Wirkgrößen vernetzt sind. Sie bewegen sich zwischen Elternhaus und Schule. Die Eltern zeigen ihr Interesse am schulischen Geschehen, die Lehrpersonen tragen Verantwortung für den schulischen Erfolg oder Misserfolg und erleben die schulischen Ergebnisse ihrer Schülerinnen und Schüler als durch die häuslichen Verhältnisse des Kindes mitbestimmt. Die Eltern sorgen sich darum, ob ihre Kinder gut von zu Hause vorbereitet Lernerfolge erzielen. Die Lehrer hoffen darauf, dass ihr Können die Kinder weiterbringt, und fühlen sich darauf angewiesen, dass sich ihre Schüler sozial ungestört und lernbereit verhalten.

Abbildung 8 zeigt die Vernetzung der Personen und Institutionen. Ämter und Behörden schreiben die Gliederung des Bildungssystems vor, regeln die Erfüllung der Schulpflicht und geben vor, wie die Eltern den geltenden Bestimmungen nachzukommen haben. Die Schulaufsichtsbehörde überwacht die Durchführung des Bildungsauftrags und die Einhaltung der Prüfungsvorschriften durch die Schule und nimmt die Schulleitung und das Lehrerkollegium in die Pflicht. Weder dem Elternhaus noch der Schule ist es gestattet, schulbezogene Aufgaben nach eigenem Gutdünken zu erfüllen. Ihre Selbstständigkeit wird durch Regelungen und Vorschriften eingeschränkt. Diese Beschneidung der Selbstbestimmungsmöglichkeiten kann Quelle von erheblichen Problemen werden, wenn Eltern und Lehrern nicht bewusst ist, dass sie im Grunde bezüglich der Erfüllung des Bildungsauftrags in einem Boot sitzen.

Die Eltern sind bis zur Einschulung die Lehrer ihrer Kinder. Sie garantieren dann, dass ihr Kind der Schulpflicht genügt. Sie beauftragen die Schule, die Lehrer, die Lehraufgaben nun zu übernehmen, und dürfen beanspruchen, dass die Lehrer ihrem Kind mit fachlicher und pädagogischer Kompetenz begegnen. Die Lehrerinnen und Lehrer erleben entsprechend ihrer Berufsmotivation ihre Arbeit dann als sinnvoll, wenn die Kinder sich in der Schule bewähren und dort eine gute soziale Entwicklung zeigen.

Die Kinder nehmen ihre häuslichen Erlebnisse mit in die Schule. Nach Ende des Schultages kehren sie nach Hause zurück, beeinflussen und färben das familiäre Miteinander durch die mitgebrachten schulischen Erfahrungen. Eltern und Lehrpersonen können in Konflikte geraten, wenn das Kind bezüglich seiner Leistungen oder seines sozialen Verhaltens auffällt. Schulkinder lernen für die Lehrerin oder den Lehrer und suchen seine Sympathie. Sie wünschen sich gegenseitige Anerkennung der Erwachsenen zu Hause und in der Schule. Spüren sie dagegen gegenseitiges Misstrauen oder gar Verachtung, behindert das ihren schulischen Erfolg. Oft genug ergeben sich allein aus unterschiedlichen Auffassungen der Eltern und Lehrer darüber, wie Schule zu sein hat oder was eine gute Familie ist, Störungen in der Beziehung zwischen Eltern und Schule. Eltern erinnern sich an ihre eigenen Schulerfahrungen und leiten daraus Forderungen an die Lehrer ab, die ihren Beruf durchaus hochmotiviert und kompetent erfüllen, von den Eltern aber möglicherweise in Erinnerung an ihre eigene Schulzeit mit Vorbehalt gesehen werden. Ebenso haben die Lehrerinnen und Lehrer ihre eigene Kindheitserfahrung und beäugen vielleicht argwöhnisch Familienverhältnisse ihrer Schüler, die ihrer Empfindung und Erinnerung nach dem Kindeswohl nicht dienlich sind. Wenn sie dann den Eltern skeptisch begegnen, bedrohen sie ihrerseits die Entwicklung des notwendigen Vertrauensverhältnisses zwischen Schule und Familie. Im Konfliktfall tun Eltern und Lehrer gut daran, sich ihre unterschiedlichen Verantwortungsbereiche zu vergegenwärtigen und die Kooperation zu suchen.

Kinder im Spannungsfeld zwischen Eltern und Lehrern

Differenzen zwischen den zu Hause und in der Schule geltenden Werten können bei jungen Kindern zur Beeinträchtigung ihres Lernerfolges und ihres Sozialverhaltens führen. Ihnen ist an der guten Beziehung zu ihrem Klassenlehrer oder ihrer Klassenlehrerin gelegen. Um das zu gewährleisten, zeigen sie ihre Tüchtigkeit. Diese seelische Gegebenheit bedarf der Betrachtung, wenn das

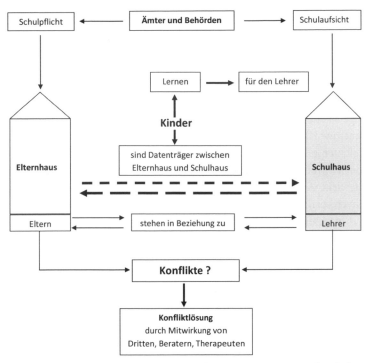

Abbildung 8: Vernetzung der Personen und Institutionen im Bereich Schule

Lernen oder die soziale Integration in die Klasse schlecht gelingen (s. Kapitel »Begabung und Leistung« und »Klärung von Leistungsschwächen«).

Fallbeispiel Christina

Christina, vor drei Wochen eingeschult, eröffnet ihrer Mutter, ihre Lehrerin sei viel netter als sie und habe auch viel schönere Haare. Sie wolle nun eigentlich gerne zur Familie der Lehrerin ziehen. Die Mutter ist entsetzt und möchte Christina am liebsten nicht mehr in die Schule schicken. Sie stellt die Lehrerin zur Rede, da sie die Beeinflussung ihrer Tochter durch die Lehrerin befürchtet. Die Lehrerin berichtet der Mutter von Christinas hoher Lernmotivation, weshalb sie ihr sehr viel Lob geben könne. Während die Mutter sich nach der Einschulung auf ängstliche und strenge Kontrolle ihrer Tochter verlegt hatte, weil sie deren schulischen Misserfolg erwartet, erlebt Christina ihre Lehrerin als entspannt und ihr zugewandt.

Christinas Mutter kann ihrer Tochter kaum erlauben, die Lehrerin zu mögen. Sie fürchtet den Vergleich, den Christina seit ihrer Einschulung anstellt. Ihre Sympathie für ihre Lehrerin ist eine wichtige Voraussetzung für ihren Lernerfolg. Die Lehrerin genießt die positive Hinwendung ihrer Schülerin, wodurch ihr der Lehrauftrag leichter gelingt. Die Mutter bewertet misstrauisch das Engagement der Lehrerin als Einbruch in ihren Verantwortungsbereich. Damit bewirkt sie bei Christina Zurückhaltung und eine Abschwächung ihrer Lernmotivation.

In einem anderen Fall erfährt die Lehrerin heftige Ablehnung:

Fallbeispiel Mira
Mira ist sieben Jahre alt und in der zweiten Klasse. Die Lehrerin, eingesetzt zur Dauervertretung für die langfristig erkrankte Klassenlehrerin, glaubt erspürt zu haben und schließlich sicher zu wissen, dass Miras Mutter ihr Kind nicht so recht liebt und für Mira nicht die nötige Zeit hat. So schenkt sie ihrer kleinen Schülerin sehr viel Aufmerksamkeit und bietet ihre private Fürsorge an, die Mira vermeintlich vermisst. Miras Leistungen lassen beängstigend nach. Die Eltern können Miras Misserfolg gar nicht begreifen, zumal bei der erkrankten Klassenlehrerin alles bestens funktionierte. Schließlich bestellt die Vertreterin die Eltern in die Schule und beschwert sich darüber, dass Mira sich ihr gegenüber zunehmend kratzbürstig zeige. Die Mutter stellt Mira zur Abklärung bei uns vor.

Die psychologische Diagnostik klärt Miras Konflikt: Sie fühlt sich von der Vertretungslehrerin bedrängt, die eigene Mutter abzulehnen und stattdessen ihre Lehrerin ins Herz zu schließen. In diesem Konflikt wendet sich Mira von der Lehrerin ab und zeigt mit ihrer Kratzbürstigkeit ihr Abstandsbedürfnis. Der eingeschaltete Schulleiter erlebt Miras Mutter als bemüht und fürsorglich. Im Gespräch mit der Vertretungslehrerin bemerkt er ihr unpassendes Engagement und bittet sie um die angebrachte Zurückhaltung gegenüber ihrer Schülerin. Die Lehrerin bleibt jedoch bei ihrer Überzeugung,

Mira müsse es zu Hause schlecht gehen. Sie wird vom Unterricht in Miras Klasse suspendiert.

Gegensätze zwischen Eltern und Lehrern

Es mag mit der wachsenden öffentlichen Kritik am etablierten Schulsystem zu begründen sein, dass Eltern aus Furcht vor dem schulischen Scheitern ihres Kindes zunehmend mit Argusaugen das Geschehen in den Bildungseinrichtungen beobachten und den dort unterrichtenden Lehrerinnen und Lehrern alle Verantwortung für auftretende Lernschwierigkeiten zuschreiben. Sie beachten dabei vielleicht zu wenig, dass ein durchaus engagierter und erfahrener Pädagoge im Staatsdienst Vorgaben zu erfüllen hat, die seinem Engagement entgegenstehen können. Für Schwächen des Schulsystems vom Elternhaus verantwortlich gemacht, können Lehrer ihre Berufsmotivation verlieren, wenn Eltern ihnen ihre Solidarität nachhaltig verweigern. Schließlich können sie als nachgeordnete Fach- oder Klassenlehrer das Schulsystem von innen heraus nicht verändern. Gerade ein bemühter Pädagoge ist auf die Kooperation mit den Eltern angewiesen, wenn er seine Kräfte zum Vorteil seiner Schülerinnen und Schüler mobilisieren möchte und soll. Er sieht sich seiner Wirkungsmöglichkeiten beraubt, wenn ein Schüler ihm in Übereinstimmung mit den Eltern den Respekt verweigert. Diese Situation findet sich nicht nur bei pädagogisch wachsamen Eltern, sondern auch bei solchen, denen es schwerfällt, ihr Kind der Schule zu überlassen, weil sie das Schwinden ihres elterlichen Einflusses befürchten.

Fallbeispiel Marvin

Der Vater des neunjährigen Marvin ist ein seit zehn Jahren frühpensionierter Lehrer, der aus gesundheitlichen Gründen vorzeitig aus dem Schuldienst ausscheiden musste. Dass sein Sohn seine Schulpflicht erfüllen muss, hat ihn schon Jahre vor dessen Einschulungstermin beunruhigt, weil er von dann auf jeden Fall eintretenden schlechten Erfahrungen für Marvin ausging. Im Stillen hat er schon einen Parallellehrplan für seinen Sohn ausgearbeitet und vergleicht das gegebene schulische Vorgehen mit seinem eigenen Konzept. Immer wenn ihm die Unterschiede zwischen seinen Vorstellungen und der schulischen Wirklichkeit offenbar werden, verpflichtet er Marvin darauf, seinem eigenen Plan zu folgen und vom Lehrer nichts anzunehmen. Die daraus folgenden Schulschwierigkeiten schreibt er der Unfähigkeit des Lehrers zu.

Marvin hat keine Wahlmöglichkeit: Er muss als gehorsamer Sohn den Anweisungen seines Vaters folgen, der ihm nicht erlaubt, die Unterrichtsweise seines Lehrers zu akzeptieren. Wenn er also in den Schulstunden nicht mitmacht und in Vertretung des Vaters den Lehrer respektlos behandelt, erfährt er die Ablehnung seines Lehrers. Er kann in diesem Konflikt den Leistungsanforderungen in der Schule nicht nachkommen, sieht sich zunächst am Rand der Klassengemeinschaft, bis er schließlich als unbeschulbar gilt und in eine pädagogische Sondereinrichtung übergeben wird. Der Vater fühlt sich in seiner Auffassung bestätigt, dass die Regelschule ihren Auftrag nicht erfüllen kann.

Ähnlich problematisch verläuft die Lerngeschichte eines Kindes in der Schule, wenn die Lehrpersonen im Unterschied zu den Eltern dem Schüler seine Leistungsfähigkeit nicht zutrauen.

Fallbeispiel Benjamin

Benjamin besucht mit schwachen Leistungen in Deutsch die dritte Gymnasialklasse. Zur Verwunderung des Lehrers liefert er plötzlich einen Hausaufsatz ab, den er mit Bestnote bewerten müsste. Dem Lehrer ist bekannt, dass seine Mutter in der Kleinstadt journalistisch tätig ist. Er ist davon überzeugt, dass sie den Aufsatz verfasst hat und Benjamin in betrügerischer Absicht zu einer guten Note verhelfen will. »Das hast du nicht selbst geschrieben! So gut kann nur deine Mutter schreiben!« Benjamin ist beschämt und wütend, denn es ist sein Aufsatz, und er kennt die Aufrichtigkeit seiner Mutter, die ihm gegenüber zwar immer wieder einmal ihre Sorgen um seine schulischen Ergebnisse geäußert hat, aber zu keiner Täuschung bereit ist. Er fühlt sich und seine Mutter vom Lehrer verachtet und beschließt, für diesen Lehrer nichts mehr zu tun. Entsprechend zeigt er wieder schwache Leistungen. Der Lehrer sieht sich bestätigt.

Die Mutter sucht den Lehrer in seiner Sprechstunde auf und möchte den Sachverhalt richtigstellen. Der Lehrer windet sich, weil er seine

Überzeugung von Benjamins schwacher Leistungsfähigkeit und dazu vom Betrugsversuch nicht aufgeben will. Er bewertet dennoch den Aufsatz widerstrebend als Benjamins gute Leistung. Das Vertrauen zwischen der Familie und dem Lehrer bleibt beschädigt.

Bedrohungen des Vertrauens und Irritationen der Verantwortungsverteilung

Voraussetzung für den Lernerfolg und die soziale Entwicklung eines ausreichend begabten und im Wesentlichen seelisch gesunden Schülers ist neben der gegenseitigen Anerkennung von Eltern und Lehrpersonen eine tragfähige Vertrauensbasis. Eltern hatten vor der Einschulung vielleicht das »Familienschiff« in gutes Fahrwasser zu bringen oder Sorgen um die Gesundheit ihres Kindes zu bewältigen. Mit der Einschulung erweitert sich der Erfahrungsraum des Kindes. Die Kinder orientieren sich jetzt nicht mehr vorwiegend an den Erlebnissen und Geschehnissen im familiären Rahmen, in dem sie sich schon gut auskennen. Sie müssen den Takt des Unterrichts als Organisator ihres Schülerlebens anerkennen und Nachmittagsstunden für das Lernen zur Verfügung stellen. Sie sollen sich bewähren, ihre Lernfähigkeit zeigen und eine angemessene soziale Rolle in der Klassengemeinschaft finden. Sie begegnen einer Lern- und Arbeitswelt, in der sie nur dann erfolgreich sein können, wenn sie ihre Gefühlsintensität zu steuern vermögen. Zugleich sind aber bei Kindern (und ebenso bei Erwachsenen) die Denkvorgänge stets unauflöslich mit der Gefühlslage verbunden, auch wenn die Ansicht verbreitet ist, Denken und Fühlen seien zwei verschiedene Paar Schuhe.

Fallbeispiel Zwillinge

Die Zwillinge Heinrich und Josef besuchen die erste Gymnasialklasse. Sie kommen am Montag in den Unterricht, nachdem am Samstag zuvor ihr plötzlich verstorbener Vater beerdigt wurde. Die Mitschüler begegnen den Zwillingen, die, als wäre nichts geschehen, an ihrem Tisch sitzen, sehr betroffen und unsicher. Der Englischlehrer spricht im Unterricht kein Deutsch. Er kondoliert den Brüdern auf Englisch und fährt mit dem Stoff fort.

Der Englischlehrer geht mit der Gefühlslage der beiden Kinder ignorant um. Er beachtet nicht, dass deren aufmerksames Lernen unter dem Einfluss der Gefühle geschieht. Die Mitschülerinnen und Mitschüler nehmen Anteil an der seelischen Verfassung der Zwillinge und sind betroffen, dass der Lehrer sich dermaßen gefühllos zeigen kann. Sie können von der Englischstunde nicht profitieren.

Lehrer messen ihre berufliche Qualifikation mit Recht am Wissenszuwachs ihrer Schüler, der im Rahmen des ihnen vorgeschriebenen Lehrplans möglich ist. Als Pädagogen erleben sie sich als erfolgreich, wenn sie ihren Einfluss auf die Entwicklung einer sozial funktionierenden Schülergruppe spüren. Sie gehen gerne in den Unterricht einer Klasse, die ihnen Sympathie entgegenbringt. Sie hoffen auf ihre Fähigkeit, Aufmerksamkeit und Anstrengungsbereitschaft der Kinder zu bewirken und auch widerstrebende Schüler zum Mittun zu bewegen. Verweigern einzelne Kinder ihre Mitwirkung oder schlägt den Lehrpersonen die Ablehnung einer Klasse oder Disziplinmangel entgegen, fühlen sie sich an der Durchführung ergebnisreicher Unterrichtsstunden gehindert. Es ergibt sich für den Lehrer die Frage nach der Verantwortung für die ungute Situation: Liegen die Fehler und Ursachen bei ihm, in der Schule oder sind sie bei einem Schüler (oder mehreren Schülern) und dessen Elternhaus zu suchen?

Ein Lehrer kann von häuslichen Schwierigkeiten eines Kindes nichts wissen, wenn sich die Eltern ihm nicht anvertrauen. Wurde er aber informiert, kann er mit Feinfühligkeit zu einem tieferen Verständnis des kindlichen Verhaltens gelangen und entscheiden, wie er mit dem belasteten Kind umgehen will. Ebenso kann er einordnen, ob seine beabsichtigte Unterstützung passend, ausreichend und gewünscht ist oder ob er die Verantwortung bei den Eltern lassen muss, denen die Lösungssuche obliegt. Wollen die Eltern ihn nicht einbeziehen, muss er das akzeptieren und sich mit seiner Tätigkeit auf den schulischen Bereich beschränken. Selbst wenn er als engagierter Pädagoge mit Kenntnissen der Kindesentwicklung sicher ist, hilfreiche Schritte in Richtung einer Lösung zu kennen, muss er sich klarmachen, dass er hinter die Eltern in die zweite Reihe gehört.

Fallbeispiel Melissa
Die zierlich wirkende achtjährige Melissa kommt seit drei Wochen erschöpft und blass zum Unterricht. Ihre Lehrerin, selbst Mutter eines Mädchens in diesem Alter, macht sich Sorgen um die Gesundheit ihrer Schülerin. Melissas Mutter versichert der nachfragenden Lehrerin, sie werde sich kümmern. Da sich an Melissas Verfassung nichts ändert, drängt die Lehrerin auf die Einschaltung eines von ihr selbst sehr geschätzten Arztes. Sie ruft dort ungefragt an und bittet um einen vorgezogenen Termin für ihre Schülerin. Als Melissa ihr weiterhin körperlich krank erscheint, bittet sie die Mutter um nähere Informationen. Die Familie zeigt sich aber verschlossen und lässt die Lehrerin lediglich wissen, dass Melissa bei dem von ihr vorgeschlagenen Arzt nicht vorgestellt wurde. Die Lehrerin fühlt sich abgewiesen und schützt sich vor dem Wachsen ihrer eigenen Sorgen, indem sie Melissa weniger beachtet. Melissa wird noch trauriger und weniger leistungsfähig.

Die Tochter der Lehrerin hatte infolge häufiger Infekte eine Erschöpfung bewirkende Blutarmut entwickelt. Ihr konnte medizinisch geholfen werden. Melissas Mutter hingegen mochte der Lehrerin nicht von ihrer eigenen Erkrankung an chronischem Rheuma berichten, die sie seit einigen Wochen kraftlos macht und der ganzen Familie große Sorgen bereitet. Sie steht kurz vor einer längeren Therapie in einer entfernten Spezialklinik und weiß noch nicht, wie das organisiert werden soll. Melissa fürchtet um die Gesundheit der Mutter, gibt sich große Mühe bei deren praktischer Unterstützung im Haushalt und kann abends sehr schlecht einschlafen.

Ein Lehrer ist auf Unterstützung durch die Familien seiner Schülerinnen und Schüler angewiesen, weil deren Eltern für sie wichtiger sind als er. Vertrauen die Eltern seiner pädagogischen Kompetenz nicht und versagen ihm ihre Anerkennung, hat das zwei Folgen: Zum einen kann sich die Anstrengungsbereitschaft, Lernmotivation und der Respekt des Schülers gegenüber dem Lehrer vermindern, zum anderen kann sich der Lehrer seiner Energie und Freude an seiner Tätigkeit und seiner schulischen Verantwortung in dieser Klasse beraubt fühlen. Sein Unterricht erfährt eine Qualitätseinbuße, wenn der Lehrer sich ungerechtfertigt entwertet und kritisiert sieht. Die folgenden Falldarstellungen erläutern solche Teufelskreisentwicklungen.

Fallbeispiel Jan

Der Vater des 15-jährigen Jan, Herr U., hat wegen seiner Tätigkeit im Vorstand eines großen Wirtschaftsunternehmens wenig Zeit für die Familie. Ganz auf die Leistungen seines Sohnes fixiert, erfährt er am Wochenende, dass sein Sohn mit den Unterrichtsmethoden des Klassenlehrers Schwierigkeiten hat. Herr U., ständig in Zeitnot, schickt dem Lehrer am Wochenende eine E-Mail und fordert ihn auf, er möge sein Gebaren im Unterricht verbessern, ggf. eine Methoden vermittelnde Fortbildung in Anspruch nehmen. Als sich der Lehrer in Beantwortung der E-Mail vorsichtig nach den Kritikpunkten des Vaters erkundigt, bekommt er zunächst keine Antwort. Zwei Wochen später teilt Herr U. dem Lehrer mit, er wisse seinen Unterrichtsstil zu beurteilen, und er wiederholt seine Forderung nach spezifischer Weiterbildung des Lehrers. Als sich der Lehrer in der Klassenlehrerstunde bei seinen Schülerinnen und Schülern nach deren Kritik und Anregungen erkundigt, bekommt er gute Rückmeldungen von der Klasse, die mit ihm recht einverstanden ist. Auch Jan bringt keine Einwände vor.

Jan weiß vom riesigen Ehrgeiz seines Vaters, der seine eigenen schulischen Leistungen stets herausstellt und dem er es nie recht machen kann. Er ist im Grunde ein guter Schüler und hofft, der nie endenden Kritik seines Vaters zu entkommen, indem er ihn in Diskussionen über gute und schlechte Unterrichtsmethoden verstrickt. Ihm ist es sehr unangenehm, dass sein Vater seinen Klassenlehrer solchermaßen ins Gebet nimmt. Als seine Mitschüler von den Aktivitäten seines Vaters erfahren, gerät Jan in der Klasse in eine Randposition.

Fallbeispiel Lena

Die junge Lehrerin, Frau S., wird zur Direktorin des christlichen Privatgymnasiums gerufen. Sie hört dort, dass sich die Eltern der elfjährigen Lena beim Kirchenamt über sie beschwert haben. Dort wurde sie zur Einhaltung des Dienstweges an die Schulleitung verwiesen. Die von der Direktorin sehr geschätzte Lehrerin fällt aus allen Wolken, da Lenas Eltern sie bisher nie kontaktiert hatten. Die Eltern haben massive moralische Vorbehalte gegen die Lehrerin, die auch Religionsunterricht erteilt, weil sie von ihrem Privatleben gehört haben, mit dem sie sich nicht einverstanden erklären können. Die Direktorin fühlt sich ratlos, denn sie möchte sowohl die Schulgeld zahlenden Eltern behalten als auch ihre junge Kollegin weiter in der Schule wissen.

Die Lehrerin kann mit ihrem Ärger auf die Eltern wegen deren Grenzüberschreitung kaum umgehen. Sie möchte mit Lenas Eltern ins Gespräch kommen, ist aber auch der Meinung, dass diese ihr Privatleben nichts angeht. Verunsichert geht sie nun in den Unterricht. Wird sie sich Lena gegenüber unbefangen verhalten können? Wird sie das Vertrauen ihrer Direktorin behalten? Ist nun etwa ihre Anstellung an der Schule in Gefahr?

Fallbeispiel Sebastian

Der Kinderarzt der Familie B. meldet sich telefonisch im Schulsekretariat und wünscht, die Schulleiterin zu sprechen. Sein Patient, der elfjährige Sebastian, müsse wegen ADHS dringend medikamentös behandelt werden. Nun hätte aber der Biologielehrer die Eltern über mögliche bekannte Nebenwirkungen dieser Arznei informiert, woraufhin diese der ärztlichen Verordnung nicht mehr folgen wollen. Der Arzt beklagt sich über die für ihn unzumutbare Einmischung in seine Therapie und fordert von der Schulleiterin, den Lehrer zur Rede zu stellen. Der sei schließlich kein Arzt. Wenn er nicht davon ablasse, medizinische Ratschläge zu geben, werde er die Schulbehörde informieren. Sebastian fühlt sich durch die Kontroversen im Dreieck von Eltern, Lehrer und Arzt so stark belastet, dass er dem Unterricht zeitweise nur unaufmerksam folgen kann.

Der Biologielehrer muss erleben, dass er in die Arzt-Patienten-Beziehung hineingezogen wurde und mit dem Vorwurf konfrontiert wird, diese zu untergraben. Die von ihm an seinen Schüler weitergegebenen Informationen bewirken eine Belastung des Verhältnisses zwischen Sebastian, seinen Eltern und dem behandelnden Arzt, die dieser ihm nun vorwirft. Der Biologielehrer soll sich verteidigen und bekommt von der Schulleitung den Auftrag, die Verteilung der Verantwortung außerhalb der Schule klarzustellen. Im schlimmsten Fall könnte ihm von den Eltern seines Schülers vorgeworfen werden, eine ihrer Meinung nach vielleicht notwendige Behandlung vereitelt zu haben.

Die in den Fallbeispielen geschilderten Konflikte beeinträchtigen das schulische Lernen und das soziale Verhalten der Schülerinnen und Schüler. Die Vertrauensbeziehungen zwischen allen Beteiligten können beschädigt werden, wenn Verunsicherung und Verwirrung darüber besteht, wem welche Verantwortung zukommt. Es bedeutet für Eltern und Lehrpersonen Grenzverletzungen, wenn die gegenseitigen Initiativen als Eindringen in die jeweiligen Verantwortungsbereiche erlebt werden. Die Schüler als Informationsträger zwischen Familie und Schule sind solchen Vorgängen ausgesetzt. Eltern und Lehrer unter Einschluss des Schülers können solchen konfliktreichen Verstrickungen entkommen, wenn sie realisieren, dass sie innerhalb eines komplexen Systems handeln. Dazu gehören zunächst Ämter und Behörden, die Einfluss auf die Familien und die Schulen nehmen, sowie Eltern- und Schulhäuser, die über den Schüler oder die Schülerin in Beziehung getreten sind. Die Konflikte können nicht einfach durch Abgleich des Für und Wider zwischen zwei Personen gelöst werden. Wirkungen einzelner Maßnahmen sind angesichts der vielen Einflussfaktoren nicht vorherzusagen.

Den Beteiligten geht Energie verloren. Wut, Unlust und die Erwartung des Schlechten und noch Schlimmeren machen sich breit, ein möglicher Lösungsweg erscheint zum Nachteil aller versperrt oder unmöglich. Das Ganze entwickelt sich zu einem traurigen Spiel, bei dem alle Beteiligten nur verlieren können. Lösungen werden erst entwickelbar, wenn das gestörte Beziehungssystem zur Ruhe gekommen ist. Dabei ist es aus unserer Erfahrung hilfreich, in solch einer verfahrenen Situation Dritte, die als Berater und Therapeuten agieren, zu engagieren.

Lösungsschritte

Die folgenden Abschnitte zeigen Wege zu Lösungen auf, die zu eröffnen nicht nur Fachleuten möglich ist, sondern die auch von Eltern eingeleitet werden können. Dieses Buch möchte Eltern zu Systemkompetenz verhelfen, mit der sie die Komplexität der jeweiligen Situation überblicken und die Leistungen der einzelnen Experten koordinieren können. Der Alltag bietet vielfältige Erfahrungen mit einfacheren und komplizierteren Systemen: Jeder weiß, dass ein Thermostat die Leistung der Heizung in der Wohnung je nach Temperatur und Wunsch steuert. Der Fahrer, die Eigenschaften des Autos und dessen Energieversorgung bestimmen Geschwindigkeit und Beschleunigung. Niemand nimmt an, der Benzinschlauch sei die Ursache für die Fortbewegung. Wir können körperlichen und psychischen Stress bewältigen, wenn der Stoffwechsel uns mit Ausschüttung von Hormonen und Beeinflussung des Blutdrucks zu einer entspannten Verfassung verhilft und so weiter. Trotz dieser alltäglichen Erfahrungen neigen wir zu der Vereinfachung, jede Wirkung müsse auf eine einzelne Ursache zurückzuführen sein. Die Systemtheorie weist darauf hin, dass in sogenannten einfachen Systemen, die nur wenige Einflussgrößen umfassen, Vorhersagen von Wirkungen möglich sind. Mit steigender Zahl von Variablen wird eine zutreffende Vorhersage immer schwerer. Vereinfachungen sollen uns dabei helfen zu wissen, was nicht gewusst werden kann. Vielleicht halten wir es auch nur schwer aus anzuerkennen, dass wir uns mit unserer Unwissenheit abfinden müssen. Der Anfang der Systemkompetenz ist gemacht, wenn wir auf die Vielfalt von Handlungen und Kräften und deren gegenseitige Beeinflussung neugierig bleiben.

Dazu ein Geschichte, die wahrscheinlich aus dem alten Indien stammt und von den sechs Blinden und dem Elefanten handelt: Sechs blinde Männer stehen um einen Elefanten herum und können jeweils einen Körperteil des Tiers ertasten. Je nach Standort behaupten die blinden Männer, dass das von ihnen ertastete Teil das ganze Ding sei: ein Rüssel, ein Zahn, ein Ohr, Vorder- oder Hinterbein oder der Schwanz. Ähnlich verhalten wir uns als Laien oder Spezia-

listen, wenn wir es mit einem eigentlich komplexen Geschehen oder
Umstand zu tun haben, der sich zum größten Teil unseren Wahr-
nehmungsmöglichkeiten entzieht. So geschieht es auch, wenn ein
Kind, ein Jugendlicher, in der Schule Anlass zur Sorge gibt, weil das
Lernen nicht recht klappt oder das soziale Miteinander in der Schule
nicht gelingt. Pädagogische Spezialisten neigen entsprechend ihrer
Ausbildung dazu, Ursachen für Schulschwierigkeiten und gestörtes
Sozialverhalten »im Kind« anzusiedeln. Werden Psychologen oder
Ärzte mit einbezogen, folgen diese zumeist einem medizinischen
Krankheitsmodell, das ebenso nach kindlichen Faktoren sucht, die
seine Schwierigkeiten verursachen sollen. Im Unterschied dazu will
eine aufwendige Systemdiagnose den ganzen Elefanten erkennen
und sich nicht mit einzelnen Teilen (Ohr, Zahn usw.) begnügen, die
sich unserer direkten Wahrnehmung erschließen. Die beschriebenen
Fallbeispiele verdeutlichen, wie eine große Zahl verschiedener Einflüsse und Tatsachen schließlich zu einem Gesamtergebnis führt: zur
Beeinträchtigung, zum Ausbleiben des Schulerfolges, begleitet von
oder verwoben mit sozialen Problemen und seelischen Beeinträchtigungen des Kindes, seiner Familie und der beteiligten Lehrpersonen.

Verantwortungen

Verantwortung hat derjenige, der für Antworten auf gestellte Fragen
zuständig ist. Ohne viele Gedanken darauf zu verschwenden, behandeln wir Verantwortung wie ein Ding, das wir haben, beanspruchen,
wegnehmen, anderen geben, lassen oder zuschreiben können. Diese
Vorgänge berühren die persönlichen Grenzen der in Beziehung ste-
henden Menschen: Ich fühle mich geachtet, wenn man mir meine
Verantwortung lässt; es verletzt mich, wenn jemand ungefragt in den
mir zustehenden Verantwortungsbereich einbricht. Darf ich jemand
vertrauensvoll um Mitverantwortung bitten, weil meine Verantwortung mich überfordert, fühle ich mich unterstützt.

　　Das Kind steht im Verantwortungsbereich der Eltern; in der
Schule sollen die Lehrerinnen und Lehrer für das Kind als Schüler
Verantwortung übernehmen (vgl. Abbildung 9). Werden Beraterinnen und Therapeuten mit einbezogen, können diese je nach Auftrag
und Kompetenz fachliche Verantwortung für die Unterstützung des

Kindes und Schülers, für das familiäre und das schulische Geschehen übernehmen.

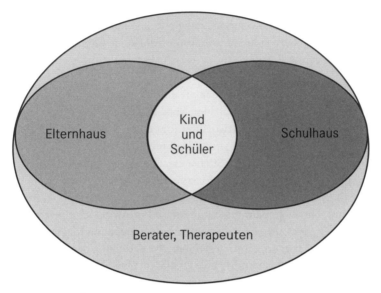

Abbildung 9: Überschneidungen der verschiedenen Verantwortungsbereiche

Fallbeispiel Max

Nach reiflicher Überlegung und in Übereinstimmung mit ihrer Werteorientierung haben die Mutter und ihr Lebensgefährte den siebenjährigen Sohn Max der Waldorfschule anvertraut. Als Max sich nach sechs Monaten immer noch nicht so recht in die Klasse einfügen will, sucht der Klassenlehrer das Gespräch mit den Eltern, die freimütig über die häusliche Erziehung und Details ihrer Lebensplanung berichten. Der Klassenlehrer, Herr S., kann sich mit dem familiären Leben und der von den Eltern vertretenen Freizeitgestaltung von Max nicht einverstanden erklären und verlangt diesbezüglich Änderungen, weil er nun hauptsächlich für die Entwicklung des Kindes zuständig sei, zumal ja der leibliche Vater keinen Kontakt zu Max pflege. Er droht zudem mit einer Gefährdungsmeldung an das Jugendamt, wenn die Mutter und ihr Lebensgefährte seine Anweisungen nicht befolgen. Gekränkt sammelt die Mutter in der Schule und bei Miteltern Informationen und erfährt, dass das Lehrerkollegium sich das Ausscheiden des Klassenlehrers

aus der Schule wünscht. Max will nicht länger in der Waldorfschule
bleiben und wird von seiner Mutter in eine andere Privatschule gegeben. Der Klassenlehrer schickt die angedrohte Gefährdungsmeldung
an das Jugendamt. Der schon engagierte und nun vom Amt um Stel-
lungnahme gebetene Kinderpsychiater sieht keine Gefahr für die Entwicklung von Max.

Der Klassenlehrer will ungebeten einen seiner Auffassung nach
bestehenden Mangel ausgleichen: Max' leiblicher Vater lebt im Ausland und kann die Verantwortung für seinen Sohn nicht erfüllen.
Der Lehrer bringt sich ungefragt ins Spiel und entwertet die Bemühungen der Mutter und des Stiefvaters. Die Mutter rächt sich, indem
sie ihrerseits Schwächen des Klassenlehrers zu entdecken versucht,
die sie ihm vorhalten und ihn dadurch entwerten kann. Max flieht
aus dieser hoch gespannten Situation und wünscht sich eine andere
Schule. Die systemische Familientherapie bezieht den Klassenlehrer
mit ein, und es gelingt ihm gegenüber, die Verteilung der Verantwortung zwischen Eltern und Schule zu klären. Obwohl der Klassenlehrer nun sieht, warum er sich zurücknehmen muss, bleibt das Zer-
würfnis zwischen den Eltern und dem Lehrer bestehen, die jeweils
die Bemühungen des anderen nicht würdigen können. Beide wollen
recht haben, die Atmosphäre wird zur Belastung für das Kind, weshalb Max bei seinem Wunsch nach einem Schulwechsel bleibt. Im
Verlauf der Familientherapie bemüht sich die Mutter um eine stärkere Präsenz des Vaters, der dann wenige Wochen später für längere
Zeit aus dem Ausland zu Besuch kommt. Max erlebt nun, dass der
Vater ihn nicht vergessen hat und er dem Vater wichtig ist. Der Neu-
start in der nun gewählten Schule gelingt.

Eine das Vertrauensverhältnis zwischen Eltern und Lehrern
belastende Situation kann sich auch ergeben, wenn die Eltern ihr
Schulkind in psychotherapeutische Behandlung gegeben haben und
sich die Therapeutin zur Kritik an der Schule aufgefordert fühlt:

Fallbeispiel Anna

Anna, 13 Jahre alt, ist seit einigen Wochen in psychotherapeutischer
Behandlung, weil sie tagtäglich weinend aus der Schule kommt und aus
Angst vor dem nächsten Schultag abends nicht einschlafen kann. Die

Mutter beklagt sich bei Annas Psychotherapeutin: Ohne vorherige Information habe die Beratungslehrerin Anna einbestellt und sie über die Familie und ihre Freizeitgestaltung ausgefragt. Die Beratungslehrerin wolle Anna testen, weil sie von ihrer schulischen Überforderung ausgehe, und dann mit ihrer Beratung fortfahren. Anna stehe nun zwischen der schulischen Beraterin und der Therapeutin und sei deshalb zusätzlich irritiert und verstört. Die Psychotherapeutin hat ihrerseits längst eine umfassende Diagnostik abgeschlossen und arbeitet mit Anna an den nötigen Fortschritten für ihre Selbstständigkeitsentwicklung. Sie lässt sich von der Schweigepflicht entbinden und bittet die Mutter, sie solle den Kontakt zwischen der Beratungslehrerin und ihr herstellen. Im Telefonat mit der Psychotherapeutin erntet die Beratungslehrerin heftige Kritik, sie hätte sich zum Schaden von Anna in deren laufende tiefenpsychologische Therapie eingeschaltet. Ferner habe sie, die Psychotherapeutin, registrieren müssen, dass entscheidende Mängel in der Unterrichtsführung sich nachteilig auf Annas seelische Verfassung auswirken. Die Beratungslehrerin beschwert sich nun bei der Mutter darüber, dass sie nicht über die Therapie von Anna informiert worden sei. Ferner lässt sie die Mutter wissen, die Schule sei in Ordnung, aber Anna müsse ihrer Meinung nach besser verhaltenstherapeutisch behandelt werden.

In diesem Beispiel verlieren alle: Die Mutter bleibt verunsichert über die Frage der richtigen Schule und der richtigen Therapie, die Psychotherapeutin stellt die Fortsetzung der Behandlung infrage, weil sie sich von der Mutter nicht mehr umfassend unterstützt fühlt, und Anna befindet sich in der Zwickmühle zwischen ihrer Therapeutin und der Beratungslehrerin, die weder das häusliche Leben von Anna noch die begonnene Therapie akzeptieren will und sich zugleich in ihrem Bemühen um ihre Schülerin zurückgewiesen fühlt. Die Mutter macht der Lehrerin nach einer Beratung, die das Gesamtsystem berücksichtigt, deutlich, dass ihr als Elternteil die erste Verantwortung zukommt, auch wenn sie ihr Engagement im Prinzip schätze. Anna bleibt der Therapieplatz erhalten und sie kann vom Hilfsangebot profitieren.

Die Verantwortungsbereiche der Erwachsenen und der Institutionen haben für ein junges Kind größere Bedeutung als für einen

Jugendlichen, weil es seine Handlungen und sein Leben nur begrenzt selbst verantworten kann. Einem Jugendlichen ist schon eher eine hilfreiche Eigenverantwortung möglich und er kann eigene Handlungsmöglichkeiten wirksam nutzen. Im Fall von ernsten oder chronisch verlaufenden Krankheiten oder seelischen Irritationen und psychosomatischen Störungen allerdings muss die gebotene Verantwortlichkeit der erwachsenen Umgebung auch bei Jugendlichen wieder zunehmen. Vor jede Lösungsplanung gehört die Prüfung der Verteilung der Verantwortung durch die Eltern:

- Was kann die Familie ohne Hilfe von außen allein leisten?
- Was ist Angelegenheit der Schule?
- Mit welchem Ziel sollen professionelle Beratungs- und Therapieeinrichtungen helfen?

Elternpräsenz in der Schule

Schulkinder bewegen sich vom Elternhaus zur Schule und kehren dahin zurück. Sie leben abwechselnd im Ereignisbereich der Familie und der Schule. Das Unterrichtsgeschehen verlangt die ungeteilte Aufmerksamkeit der Schülerinnen und Schüler auf das dortige Lernen. Sie sollen kein Spielzeug mit in die Schule bringen, um sich unabgelenkt ganz und gar dem Lernen widmen zu können. Darüber hinaus sollen sie sich als ausreichend reife junge Persönlichkeiten, die von den Eltern an Grenzen und Regeln gewöhnt wurden, in das soziale Klassengefüge einordnen. Sie dürfen also in den Schulzeiten nicht vergessen, was grundsätzlich erlaubt und verboten ist, müssen in gewisser Weise ihre Eltern und deren Erziehung mit in die Schule bringen. Gelingt das nicht, bekommen die Lehrpersonen eine Erziehungsverantwortung, die eigentlich Sache der Eltern ist.

Fallbeispiel Friedrich

Friedrich fällt in der vierten Grundschulklasse wegen Grobheiten gegenüber Mitschülern auf. Seine Eltern suchen deshalb seit kurzer Zeit Hilfe bei uns. Entsetzt und hilflos ruft die Mutter während des Schulvormittags in der Praxis an: Friedrich habe gerade eben in der Pause ein Mädchen die Treppe hinuntergeworfen. Auf unsere Empfehlung begibt sie sich unverzüglich in die Schule. Friedrich ist vollkommen überrascht und verstört, seine Mutter in der Schule zu sehen. In der folgenden Therapiestunde kann Friedrich präzise angeben, an welcher Stelle des Schulweges er vergisst, dass er Eltern hat, die ihm längst vermittelt haben, was richtig und falsch ist.

In der Therapie haben wir nach diesem Ereignis mit der Mutter vereinbart, dass sie im Verlauf der darauffolgenden Woche in jeder großen Pause auf den Schulhof kommen soll. Friedrich zeigt sich überrascht und rechnet ab jetzt mit der Aufmerksamkeit seiner Mutter für sein Verhalten in der Schule. Er hält sich ab diesem Zeitpunkt an die Regeln und kontrolliert sein Verhalten.

Kinder beanspruchen im Entwicklungsverlauf zunehmend den eigenständigen Umgang mit Zeit, Geld und dem Raum, in dem sie hoffen, sich frei bewegen zu können (Omer u. von Schlippe, 2013). Selbstständiger geworden, möchten sie sich ungestört bewegen und wünschen sich Freiheit von der Aufsicht durch die Eltern. Bei unzureichender Steuerung ihrer Impulse sind sie aber noch auf die unterstützende Kontrolle der Eltern angewiesen. In solchen Situationen tun Eltern gut daran, ihre Präsenz zu zeigen. Ohne weitere verbale Anstrengungen erinnern sie ihre Kinder allein durch ihre sichtbare Anwesenheit an das, was sie eigentlich schon gelernt haben und wissen.

Einleitung der Kooperation durch die Eltern

Die Eltern eines Kindes werden als Erste und letztlich Hauptverantwortliche wegen schulbezogenen Sorgen um ihr Kind in Verantwortung genommen. Wenn das Kind seine Ängste und sein Leid nicht ohnehin schon mitgeteilt hat, bekommen die Eltern Einblick in die schulischen Leistungsnachweise – Ergebnisse von Prüfungen und Zeugnisnoten – und hören die schulischen Klagen über sein soziales Verhalten von Lehrern am Elternsprechtag oder auch per E-Mail. Oft möchten sich Eltern mit solch einem Sorgenpaket lieber gar nicht auseinandersetzen und hoffen, es würde sich schon wieder alles von allein zum Guten wenden. Oder sie ziehen sich beschämt zurück, weil sie sich beschuldigen, von ihrem Versagen ausgehen und umfangreichere Kritik der Schule fürchten. Vielleicht fühlen sie

auch gute Gründe, das Versagen ihres Kindes oder sein sozial auf-
fälliges Verhalten dem Lehrer anzulasten. Sie könnten wütend sein
und scheuen eine konfliktreiche Diskussion mit dem Lehrer oder der
Lehrerin. Sie befürchten, ihrem Kind könnten Nachteile entstehen,
wenn sie sich mit Kritik an die Schule wenden. Bleiben sie aber bei
solch einem zurückhaltenden Schweigen, macht ihnen der Lehrer
möglicherweise den Vorwurf, sie hätten zu wenig Interesse an der
schulischen Entwicklung des Kindes und am Engagement der Schule.

Fallbeispiel Justus
Der neunjährige Justus zeigt seit Beginn des dritten Schuljahres eine
zunehmende Unlust an allem, was mit Schule zu tun hat. An den Nachmittagen will er die Hausaufgaben nicht erledigen und lehnt die Einflussnahmen und Kontrolle der Eltern ab, zu der die Klassenlehrerin
sie verpflichten möchte. Darüber sind die Eltern in Streit geraten. Sie
haben vor Monaten mit einem Hausbau begonnen und wissen, dass sie
sich derzeit weniger um ihren Sohn kümmern. Der Vater setzt auf die
Anstrengung seiner Frau, Justus zu überwachen, während er sich neben
seiner Berufstätigkeit auf Eigenleistungen bei dem Hausbauprojekt verpflichtet hat. Als Justus vermehrt schlechte Noten nach Hause bringt,
eskaliert der Streit der Eltern um die Verantwortung dafür. Während
die Mutter bei ihrer Meinung bleibt, es würde mit Justus besser gehen,
wenn der Vater mehr Zeit hätte, macht der Vater seinem Ärger auf die
Klassenlehrerin Luft, weil die unfähig sei. Beide Eltern wollen aber in
der Schule nicht vorsprechen, weil sie einerseits ihren Zeitmangel nicht
offenlegen und andererseits ihre Kritik an der Lehrerin nicht vorbringen
wollen. Sie wollen abwarten, weil sie der Fertigstellung des Hauses
entgegensehen: »Dann wird alles besser werden!«

Die Eltern dürfen sich ihre vorübergehend höhere Belastung eingestehen und unter Umständen die Klassenlehrerin darüber informieren. Wenn Justus in dieser Zeit nicht allein zurechtkommt, könnten
die Eltern eine dritte Person zur Unterstützung einbinden. Damit
vermeiden sie Schuldzuweisungen und sorgen für eine gute Atmosphäre in der Familie und in der Schule.

In einem anderen Fall macht die Schule den Eltern deutlich, dass
sie die Lehrer außerhalb des Unterrichts möglichst wenig beanspru-

chen sollen, da es ohnehin schon recht mühsam sei, den Schulalltag zum Vorteil der Kinder zu bewältigen und das vorgeschriebene Lehrpensum zu erfüllen. Die Lehrerinnen und Lehrer vertreten den Anspruch, die alleinige Regie und Verantwortung für das Gelingen ihrer Arbeit zu haben. Sie möchten bei ihrem Tun nicht kontrolliert werden, fürchten Einmischung und Vorwürfe seitens der Eltern oder haben die Überzeugung, dass sie ungestört besser für ihre Schüler sorgen können, als wenn sie ihre Methoden mit Eltern diskutieren müssten.

Fallbeispiel Schulleiterin
Die Schulleiterin der Grundschule hat sich neben ihrer pädagogischen Qualifikation psychologische Kenntnisse angeeignet. Sie verlangt von sich die Bewältigung jeglicher Lernproblematik und sozialen Auffälligkeit der ihr anvertrauten Kinder. Zugleich verpflichtet sie ihr Kollegium auf intensive berufsbegleitende Fortbildungen. Beim ersten Informationsabend mit den Eltern der Schulanfänger stellt sie ihr Konzept vor und versichert, die Schule werde sich mit Erfolg um alles kümmern. Es sei im Grunde nicht nötig und auch wenig erwünscht, dass die Eltern häufiger in der Schule erscheinen, um dort Schwieriges mit der Klassenlehrerin zu erörtern. Als Katharinas Eltern in das täglich in der Schule kontrollierte Hausaufgabenbuch ihren Gesprächswunsch schreiben, verweist die Klassenlehrerin in ihrer schriftlichen Antwort auf den vorausgegangenen Elternabend mit der Schulleiterin und verweigert ihnen ein persönliches Gespräch.

In diesem Fall läuft die Schule Gefahr, die Eltern auszugrenzen und deren Engagement und Bereitschaft zur Mitverantwortung nicht zu nutzen. Solchermaßen an den Rand gedrängt, können Eltern ihrem Kontakt- und Kooperationswunsch nur schwer Handlungen folgen lassen. Zu Beginn einer gesuchten und notwendigen Kooperation der Eltern mit den Lehrpersonen sollten sie sich vergegenwärtigen, dass sie ihr Sorgerecht ausüben, das die Regelung der schulischen Angelegenheiten einschließt. Die Eltern stehen in der Hauptverpflichtung für ihre Kinder. Sie haben die Erfüllung der Schulpflicht zu gewährleisten und nehmen als Teil des Elternrechts eine Wahlmöglichkeit wahr, indem sie ihre Kinder entweder der zuständigen

Grund- oder einer Privatschule anvertrauen oder später etwa in ein Gymnasium geben. Wenn es nun im Verlauf der Schulzeit um die Lösung von Schulschwierigkeiten geht, die allein mit den Mitteln der Schule nicht zu finden ist, sollten Eltern möglichst viel Achtung der Lehrerin, dem Lehrer, gegenüber mitbringen, wenn er mit ihnen wegen schulbezogener Sorgen spricht. Es ist hilfreich, vom positiven Engagement der Schule für ihr Kind auszugehen, an den Erfolg des Gespräches zu glauben und Vorwürfe zurückzuhalten. Ihr Bemühen um Kooperation wird eher erfolgreich sein, wenn sie ihren Ärger auf die Lehrerin, die sie etwa für ungerecht halten, zügeln. Wichtig ist, dass sie für sich die Frage klären, ob sie ihr Kind weiterhin der Schule, in der gerade Probleme auftreten, anvertrauen wollen.

Fallbeispiel Morgan

Der zehnjährige Morgan beklagt sich bei seinen Eltern, von seinen Mitschülern körperlich misshandelt worden zu sein. Die Schulleiterin hatte die Familie mehrfach wissen lassen, wie schlecht es um die Leistungen und das Sozialverhalten des Jungen steht. Die Eltern, denen die Erziehung ihres Sohnes kaum gelingt, hatten noch keine Gelegenheit zur Rücksprache mit der Schule gefunden, weil die Verschlimmerung einer chronischen Erkrankung der Mutter ihnen die Kraft nimmt. Als Morgan zu Hause berichtet, er sei im Werkunterricht um ein Haar wegen der Unachtsamkeit eines anderen Jungen von einem Beil getroffen worden, läuft dem Vater die Galle über. Ohne Voranmeldung stürzt er am Montag ins Schulbüro und stellt die Schulleiterin wegen des ungeheuerlichen Vorfalls zur Rede. Die Schulleiterin versucht, den Vater über den genauen Ablauf in Kenntnis zu setzen. Sie kann aber den aufgebrachten Vater mit ihren Worten nicht erreichen und beruhigen. Herr W. droht Konsequenzen an und verlässt unzufrieden und wutschnaubend die Schule.

Eltern und Lehrer sitzen in einem Boot, bemühen sich beide Seiten doch, dem Kind verantwortungsvoll zu guten Leistungen zu verhelfen und seine Persönlichkeit zu entwickeln. Schulische Misserfolge können ebenso wie häusliche Belastungen die Eltern und Lehrpersonen in Konflikte verstricken, die sie in einen Gegensatz bringt. Beide Seiten könnten versucht sein, sich mittels Schuldzuweisungen zu entlasten, statt die notwendige Solidarität zu erhalten oder wiederherzustellen. Sie sind über das Kind und die Schulpflicht verbunden: So wenig wie Eltern ihr Kind ohne Weiteres von der Schule abmelden können, dürfen die Schulen ihren Auftrag nicht ohne schwerwiegende Gründe und die Genehmigung der Schulbehörde kündigen.

Fallbeispiel Janis

Janis besucht die dritte Grundschulklasse und fordert seine alleinerziehende Mutter, seine Lehrerinnen und den Schulleiter wegen eskalierender Probleme mit dem Lernen und seinem sozialen Verhalten massiv heraus. Im von der Schule verlangten gemeinsamen Gespräch mit der Mutter und dem wenig engagierten Vater, dem Jugendamt und uns berichtet der Schulleiter von einer ihm zu Ohren gekommenen Schandtat des Kindes, das kürzlich einem anderen, wehrlosen Jungen in die Geschlechtsteile geboxt haben soll. Eigentlich müsse sich die Schule nun von dem Kind trennen, obwohl es die Sympathie des Schulleiters habe. Er fürchte aber, sich demnächst vor der Schulbehörde verantworten zu müssen, weil man ihm solche Brutalitäten eines Kindes in seiner Schule persönlich anlasten werde. Andererseits würde er es als sein Versagen erleben, wenn das Amt die Entfernung des Jungen aus der Schule verfügen würde. Er gehe von der nicht gelebten Verantwortlichkeit der Mutter für den Jungen aus, die sich außerstande sehe, auf das Verhalten ihres Sohnes in der Schule Einfluss zu nehmen. Solchermaßen attackiert, spürt die Mutter kaum noch Energie, mit dem gequält wirkenden Schulleiter zu kooperieren.

Sind wegen der problematischen Entwicklung eines Kindes, was Lernen und Sozialverhalten betrifft, intensivere Kooperationen von Eltern und Schule notwendig, tun die informierten Eltern gut daran, ihr Engagement umgehend zu zeigen. Sehen sie sich erst von der Schule zum Gespräch einbestellt oder etwa vom Jugendamt geladen, bringt sie das in eine sie beschämende und schwächende Verteidigungsposition. Fühlen sich die Eltern unsicher, wie sie die nötigen Gespräche führen sollen, können sie sich vor deren Einleitung beraten lassen. Ausgestattet mit einem erweiterten Blick, gehen sie dann souveräner in die Erörterung mit den anderen Beteiligten, innerhalb derer sie ggf. ihre Mitverantwortung einräumen oder verlangen.

Die Fallbeispiele in den voranstehenden Kapiteln informieren über Störungsmuster mit Leistungsstörungen und sozialen Schwierigkeiten, die sich in der Schule auswirken. Lehrpersonen richten entsprechend dem beruflichen Auftrag ihren Blick auf die wahrnehmbaren Eigenschaften und Verhaltensweisen des Schülers: Welche Leistungen sind von ihm zu erwarten und zu fordern? Wie integriert er sich im sozialen Feld der Schule? Wie sind seine Erfolgschancen zu beurteilen? Bei Sorgen bereitenden Auffälligkeiten werden Erklärungen dafür zuerst in dem beurteilten Kind oder Jugendlichen gesucht. In der psychologischen und medizinischen Szene ordnen die Untersuchenden mittels Testverfahren die Leistungsmöglichkeiten und eventuelle Verhaltensprobleme in Übereinstimmung mit dem Diagnosekatalog ein. Selten werden dabei die familiäre Situation und Auswirkungen des sozialen Umfeldes, zum Beispiel des Geschehens in der Schule, erfasst und für die Planung von Lösungen zur Verfügung gestellt.

Die systemische Arbeitsweise bemüht sich mit dem Ziel, Lösungen zu entdecken, um die Erfassung der Wechselwirkungen der wichtigen Einflussgrößen. Eltern können die Initiatoren für solche Strategien sein, wenn sie eine Systemkompetenz entwickelt haben, mit der sie die gegebenen beschriebenen Wirkgrößen überblicken (s. Kapitel »Umgang mit der Informationsfülle: Ordnen und Strukturieren«). Sie kennen ihr Kind, seine Stärken und Schwächen und sind sich ihrer Hauptverantwortung vor allen anderen Erwachsenen bewusst. Sie sind mit den Formen der sozialen Probleme in der Schule vertraut und über die Arbeitsweisen der Lehrerinnen und Lehrer und die Gegebenheiten in der Schule orientiert. Sie haben einen Überblick gewonnen, welchen Nutzen Hilfestellungen von methodenerfahrenen Beratern und Therapeuten haben können. Mit dieser Übersicht ausgestattet, können sie eine wirkungsvolle Kooperation des pädagogischen Feldes mit der Welt der Beratungsinstitutionen anregen. Aber wie können sie das veranlassen? Die folgenden Abschnitte beschreiben eine mögliche Vorgehensweise. Anhand eines weiteren Fallbeispiels wird dabei gezeigt, wie diese Vorgehensweise umgesetzt werden kann.

Empathie und Kommunikation

Jedes Schulkind weiß, was ein Fahrrad ist. Mit dem Wissen allein kann es aber noch nicht fahren und ein sicherer Verkehrsteilnehmer werden. Nach dem Erlernen des Fahrradfahrens und der Verkehrsregeln kann es im Straßenverkehr seine Fähigkeiten zeigen. Entsprechend diesem Vergleich gilt: Eltern haben umfangreiches Wissen über Erziehung, Lernen, Kinder und Schulen, aber erst ihre Handlungen machen sie zu wirksamen Teilnehmern in dem System, das ihre Kinder und die Lehrpersonen verbindet.

Gefühle wie Scham und Scheitern, gegenseitige Vorwürfe, Versagen, Wut auf das Kind oder die Schule, Befürchtungen von Gesundheitsstörungen oder Entmutigung prägen die Ausgangslage, wenn Eltern schließlich den Kontakt mit den Lehrerinnen und Lehrern ins Auge fassen müssen, weil ihr Kind sie in Sorgen stürzt. Zuerst müssen die Eltern deshalb leidenschaftliche Gefühle »herunterkühlen«, bevor sie die nötigen Schritte unternehmen. Sie wissen, dass das Wohlbefinden ihres Kindes von einer entspannten Atmosphäre abhängt, und können davon ausgehen, dass den Lehrern, wie ihnen selbst, trotz ihrer Bemühungen die Problemlösung bisher nicht gelungen ist. Damit werden nutzlose gegenseitige Kriegserklärungen der Passagiere, die gemeinsam in einem Boot sitzen, vermieden. Vorwärtsbewegung und Navigation leiden, wenn die Bootsbesatzung in Kämpfe um eigene und fremde Verantwortung verstrickt ist. Die Lösung der Aufgaben wird erschwert oder unmöglich, und vielleicht geht ein Besatzungsmitglied über Bord. Gelingt aber die Fahrt mit abgestimmter Arbeitsteilung, kann das angestrebte Ziel sicherer erreicht werden.

Fallbeispiel Leon

Seit der 13-jährige Leon in der dritten Gymnasialklasse zunehmend schlechte Noten in fast allen Fächern nach Hause gebracht hat, liegt er den Eltern in den Ohren, er wolle und werde nicht mehr zur Schule gehen. Wenn ihm das nicht erlaubt würde, werde er sich vielleicht umbringen. Er werde gehänselt und gehöre seit Wochen nicht mehr zur Klassengemeinschaft. Dazu sei sein Klassenlehrer ein Ekel und stelle ihn im Mathematikunterricht vor der Klasse bloß. Die Eltern streiten sich um das jetzt richtige Vorgehen. Die Mutter, Frau F., die

als Verkäuferin in einem Secondhandshop arbeitet, erinnert sich an
frühere Entwicklungsschwierigkeiten von Leon und befürwortet zu
seiner Entlastung den Schulwechsel in die Realschule. Der Vater, ein
sehr erfolgreicher Jurist, hält große Stücke auf seinen einzigen Sohn,
gibt ihm zwar die Schuld an den derzeitigen Misserfolgen, entwickelt
aber andererseits eine unbändige Wut auf die Schule: Der müsse man
mal tüchtig die Meinung sagen und ihr klarmachen, wie sein begabter
Sohn zu fördern und angemessen von Lehrern und Mitschülern zu
behandeln sei. Frau F. versucht, ihren Mann zu besänftigen, damit
nicht noch mehr Porzellan zerschlagen wird. Er solle bloß nicht in die
Schule stürmen und sich dort ungezügelt beschweren, sondern lieber
erst einmal darüber nachdenken, was für einen Schulwechsel sprechen
würde. Schließlich überlässt es Herr F., immer noch von seiner Wut
dominiert, seiner Frau, einen Besprechungstermin in der Schule zu
beschaffen. Beide Eltern erlauben dem Sohn, zu Hause zu bleiben, bis
das Gespräch in der Schule stattgefunden hat. Zudem stimmt Herr F.
zögernd dem Vorschlag seiner Frau zu, Leon baldmöglichst einem Psychotherapeuten vorzustellen. Frau F. meldet Leon im Schulsekretariat
unter Andeutung ihrer großen Sorge krank und vereinbart mit Schulleitung und Klassenlehrer in der darauffolgenden Woche einen Termin.

In den Tagen bis zum Gespräch in der Schule lassen sich die Eltern
von Leon die Einzelheiten seiner Erfahrungen schildern, werden aber
daraus nicht recht schlau. Immer noch uneins über einen fraglichen
Schulwechsel planen sie, von den Lehrerinnen und Lehrern zu hören,
wie sie die Chancen von Leon einschätzen und wie sie die Vorgänge
in der Klasse wahrgenommen haben. Frau F. fühlt sich durch die
Suiziddrohung ihres Sohnes sehr geängstigt. Sie verspricht sich im
Unterschied zu ihrem Mann von der Vorstellung ihres Sohnes beim
Psychotherapeuten Hinweise auf das beste Vorgehen, vielleicht auch
unter therapeutischer Begleitung.

Lernen, Fragen zu stellen

Menschen laufen Gefahr, in die Irre zu gehen, wenn ihre Annahmen
ihre Wahrnehmung vorwegnehmen. Vermutungen sind kaum durch
neue Informationen zu ändern, wenn jemand unter der Wirkung

starker Gefühle nur nach deren Bestätigung sucht. Daraus erwächst in Streitfällen das lösungsfeindliche Desaster von gegenseitigen Vorwürfen und Schuldzuweisungen. Sind den Parteien ihre Hypothesen bewusst, kann die Abschwächung der begleitenden oder zuvor beherrschenden Gefühle gelingen. Passende Fragen eröffnen einen Lösungsweg.

Fallfortsetzung: Leon

Zum Gesprächstermin lässt sich der Schulleiter entschuldigen. Die Eltern treffen den Klassenlehrer. »Ich will Ihnen mal was sagen!«, beginnt Herr F. unvermittelt das Gespräch, während sich seiner Frau der Magen zusammenzieht. Der Klassenlehrer bekommt ein eisiges Gesicht, wollte er doch eigentlich zuerst seine Leon betreffenden Klagen schildern. Steif sitzt er auf seinem Stuhl, bemüht darum, abzuwarten, bis Herr F. seine Vorwurfslitanei zu Ende gebracht hat. Immer wenn er zu sprechen anheben will, wird die Stimme des Vaters lauter, der immer wieder mit seinem Zeigefinger auf den Lehrer deutet und ihn herabzusetzen versucht. Herr F. lässt sich von seiner Frau kaum beschwichtigen, bis es ihr in einer kurzen Pause im Redefluss ihres Mannes gelingt, mit ruhiger Stimme den Lehrer zu fragen, bis wann denn mit Leon alles in Ordnung gewesen sei. Der Lehrer lässt von seinem Klagevorhaben ab und beantwortet die Frage der Mutter. Herr F. hört sich die positiven Schilderungen des Lehrers an und beruhigt sich. Er fragt dann nach den ersten Anzeichen für die jetzige Problematik und erfährt von Leons für den Lehrer unverständlichem und Sorge bereitendem Rückzug im Unterricht. Der Lehrer fragt seinerseits die Eltern nach für sie auffälligem Verhalten im Elternhaus. Frau F. bestätigt, dass Leon sich seit Wochen mehr und mehr allein in seinem Zimmer aufgehalten habe. Noch mehr habe sie sich über sein gestiegenes Interesse an Sauberkeit gewundert. Der Klassenlehrer ergänzt, Leon habe seit Wochen von seinen Klassenkameraden betont Abstand gehalten und Schmutz an ihren Kleidern kritisiert. Als Reaktion darauf hätten diese schon mal dreckige Turnschuhe auf seinen Tisch gestellt. Er selbst könne es sich manchmal nicht verkneifen, Leon vor der Klasse als »Sauberkeitspräsident« zu bezeichnen, möchte sich hier aber ausdrücklich dafür entschuldigen. Die Eltern bitten um ein längeres Pausieren des Schulbesuchs, bis die psychotherapeutischen Untersuchungen von Leon abgeschlossen seien. Der Lehrer willigt halbherzig ein.

Das Gespräch drohte zu eskalieren, weil der Vater und der Klassenlehrer von Vorwürfen gegeneinander bestimmt waren und so die Auffälligkeiten von Leon erklären wollten. »Die Schule ist nicht in Ordnung!«, ist die Annahme des Vaters. »Das Elternhaus macht Fehler!«, glaubt der Klassenlehrer zu wissen. Die Wendung ins Positive gelingt durch die einfache Frage der Mutter nach früheren guten Zeiten in der Schule, die der Klassenlehrer bestätigen kann. Das entspannt den Vater, der sich nun nach der Entwicklung der jetzigen Problematik erkundigt und von seinen Schuldzuweisungen ablässt.

Handlungen und Bedeutungen unterscheiden

Grundsätzlich schreiben wir den Tatsachen, die wir erleben, eine Bedeutung zu. Wir qualifizieren unsere Kontaktaufnahme zu anderen Menschen, indem wir unserer Ansprache und Handlung Bedeutung geben, das heißt, wir sprechen zum Beispiel mit annehmendem oder kritisierendem Tonfall oder benutzen unseren Gesichtsausdruck und körpersprachliche Zeichen (Mimik und Gestik), um zu verdeutlichen, wie das Gesagte gemeint ist. Auf der anderen Seite entsteht dann ein Missverständnis, wenn unser Gegenüber die gemeinte Bedeutung nicht erkennt oder seinerseits den gehörten Tatsachen eine andere Bedeutung zuschreibt. Die zwischenmenschliche Kommunikation verläuft unmissverständlich, wenn klar bleibt, ob wir uns über Handlungen oder über deren Bedeutung austauschen, die unserer Absicht entsprechen oder die wir diesen Handlungen zuschreiben. Im Konfliktfall ist die eindeutige Unterscheidung der Handlungs- von der Bedeutungsebene klärend und lösungswirksam. Uns gelingt eine neutrale Haltung, indem wir diese Unterscheidung ganz bewusst treffen: »Was wurde gesagt oder getan?« »Was sollen diese Handlungen bedeuten?« »Können die Inhalte des Gesprächs auch eine ganz andere Bedeutung haben?« Beratern und Therapeuten gelingt solche Neutralität eher als Kommunikationspartnern, denen aus verschiedenen Gründen an Schuldzuweisungen gelegen ist oder die sich attackiert fühlen.

Fallfortsetzung: Leon
Nach dem Gespräch in der Schule wollen die Eltern von Leon genauer wissen, was er denn in der Schule erlebt hat. Leon stößt hervor: »Die

wollen mich fertigmachen. Der Lehrer kann mich nicht leiden. Keiner
versteht mich!« Und an die Eltern gerichtet: »Ihr ja auch nicht. Ihr habt
überhaupt kein Interesse daran, wie es mir geht!« Der Vater versucht,
sich zu verteidigen: Leon könne sein Entgegenkommen nicht erwarten,
wenn er sich zu Hause derart benehme und lieber in seinem Zimmer
verschwinde, als sich einmal zu den Eltern zu setzen. Leon kontert,
das müsse doch gar nichts bedeuten, wenn er gerne in seinem Zimmer Musik höre. Die Mutter bittet Leon darum, ihr nur kurz zu sagen,
dass er jetzt zu seiner Musik gehe, statt sich ohne Mitteilung stumm
zu entfernen. Leon berichtet dann genauer von den Geschehnissen
in der Schule: Wenn er sich in den Pausen zu den Mitschülern stellen
wolle, würden die wegschauen und sich umdrehen. Das könne ja nur
bedeuten, dass sie offensichtlich unter sich bleiben wollen. Andererseits sei ihm das eigentlich auch irgendwie recht, auch wenn er eigentlich nicht wisse, warum er den Abstand zu seinen Mitschülern wolle. Es
störe ihn schon, wenn er Flecken auf deren Kleidung sehe. Es ekle ihn
auch, wenn die sich gegenseitig berühren und sogar Mädchen umar-
men wollen. Das könne er nicht nachvollziehen. Im Unterricht müsse
er dauernd an all das denken. Daher komme eben sein Versagen. Der
Klassenlehrer wisse nichts von seinen Sorgen, könne sein Interesse
an Sauberkeit überhaupt nicht verstehen und ihn deshalb nicht leiden.

Herr F. gewinnt im Verlauf des Gespräches keinen Verständniszu-
wachs für den Sohn, findet es eigentlich nicht nötig, dass Leon sich
von diesen »Kleinigkeiten« derart runterziehen lässt. Innerlich kehrt
er zu seiner Vorwurfshaltung der Schule gegenüber zurück, weil die
Leon nicht zu guten Leistungen verhilft und kein gutes Lernklima
schafft. Die Mutter sorgt sich nun noch mehr. Ihr ist nicht verständlich, warum Leon solche Empfindlichkeit entwickelt hat und was
sein gestiegenes Sauberkeitsinteresse bedeuten könnte. Nachdem
sie zudem die Absage ihres Sohnes an die Eltern gehört hat, findet
sie es erneut richtig, dass Leon zum Psychotherapeuten geht. Leon
erlebt die von der schulischen und häuslichen Umgebung auf ihn
bezogenen Handlungen offensichtlich ganz anders, als sie das verstehen würde. Sie fragt sich nach dem Grund dafür, stimmt aber
trotz der größer gewordenen Unklarheit einem weiteren Gespräch
in der Schule zu.

Entwertungen überwinden

In der zwischenmenschlichen Kommunikation können sich Entwertungsmuster ausprägen. Unabhängig von Inhalt oder Absicht eines gesprochenen Wortes oder einer Handlung geschehen Entwertungen, ähnlich wie durch den Entwertungsautomat in den öffentlichen Verkehrsmitteln. Der Automat unterscheidet nicht, was er da entwertend stempelt. Ein Gesprächspartner kann mit seiner Haltung zum Ausdruck bringen: »Ganz gleich, was du sagst oder tust, meine Antwort ist Nein. Ich setze mich mit dir gar nicht erst auseinander. Dein Reden und Handeln ist für mich ohne Bedeutung, auch wenn du dich noch so sehr anstrengst und mich zu überzeugen versuchst!« In solchen Dialogen herrscht eine sehr unangenehme Stimmung. Argumente und Informationen bleiben wirkungslos, eine Verständigung kann trotz hohen Energieverbrauchs nicht gelingen. In der Regel geben uns unser Bauchgefühl, Kopfschmerzen, ein Druck hinter dem Brustbein oder ein Engegefühl im Hals Nachricht von diesem Entwertungsvorgang, der nicht einfach an den gesprochenen Worten zu erkennen ist. Diese Botschaften des Körpers wahrzunehmen, kann helfen, den gerade herrschenden Kampf zu beenden, statt sich immer mächtigere Waffen auszudenken und sie einzusetzen. Kommt man im Verlauf der Auseinandersetzung, im Gespräch gerade nicht weiter, hilft die aktuelle Beachtung des eigenen Körpergefühls schon deshalb, weil man innehält und mit seiner Aufmerksamkeit vom Hören und Sehen auf das Fühlen wechselt.

Ein durchgehendes Entwertungsmuster lässt den Dialog stagnieren, die Gesprächspartner fühlen sich dann in einer ausweglosen Sackgasse. Zur Unterbrechung eines Entwertungsmusters stehen verschiedene Mittel zur Verfügung: beispielsweise ein Schweigen, das Erbitten einer Gesprächspause oder eine Betonung eigener Mängel und Schwächen. Hat mich mein Gesprächspartner zuvor nicht zu Wort kommen lassen, wird er mich zum Reden auffordern, wenn ich ihm verstummt erscheine. Schlage ich eine Gesprächspause vor, veranlasst das Entwertungsmuster mein Gegenüber zur Fortsetzung des Dialoges und ermöglicht mir damit, mich zu Gehör zu bringen. Hebe ich meine Unkenntnis und mein Unvermögen hervor, macht der mich entwertende Dialogpartner, der bisher nichts an mir richtig finden konnte, mich auf meine Möglichkeiten aufmerksam. Die folgende Gesprächsstrecke erläutert die Auflösung eines Entwertungsmusters.

Fallfortsetzung: Leon

Nur sehr ungern lässt sich Leons Klassenlehrer auf ein weiteres Gespräch mit den Eltern ein und drängt den Schulleiter, auch anwesend zu sein. Er soll ihm behilflich sein, das Geschehen in der Schule zu verteidigen und den Eltern die Augen zu öffnen. Zu Beginn bringt der Lehrer seinen Schulleiter auf den Stand der Dinge: Leon sei seit Wochen ein leistungsschwacher Schüler und könne sich kaum noch in die Klassengemeinschaft einfügen. Schon am Morgen wirke er verschlossen und unkonzentriert und verhalte sich im Unterricht einsilbig und abwesend. Der Klassenlehrer sitzt zurückgelehnt ohne jeglichen Blickkontakt mit den Eltern auf seinem Stuhl. Er müsse schon annehmen, zu Hause laufe es nicht rund. Herr F. fühlt sich erneut angegriffen, kann nicht länger an sich halten und erhebt seine Stimme. Da es ja früher in der Schule gut gegangen sei, müsse das alles am schlechten Unterricht und der mangelnden Führung der Klasse durch den Lehrer liegen. Die Familie müsse nun die Folgen des schulischen Versagens aushalten und verliere zunehmend den Kontakt zu Leon. Sein Sohn sei dermaßen fertig, dass er sogar mit Suizid gedroht habe. Vorwürfe und Gegenvorwürfe bestimmen das Gespräch. Frau F. kämpft mit den Tränen und fürchtet, den Lehrer und den Schulleiter nicht erreichen zu können. Sie bittet um eine kurze Pause und verlässt das Besprechungszimmer, obwohl der Schulleiter sie zum Bleiben auffordert. Wieder gefasst kehrt sie wenig später zurück und findet eine schweigende Gesprächsrunde vor. Dann hebt sie vorsichtig an und berichtet von ihrer Erschöpfung: Wahrscheinlich hätte sie ihren Sohn bisher nicht richtig eingeschätzt und verstanden. Deshalb wolle sie Leon ja auch bei einem Psychotherapeuten vorstellen. Der Schulleiter reagiert nun beschwichtigend: Immerhin hätten die Eltern ihren Sohn doch so weit gebracht, dass er im Gymnasium aufgenommen werden konnte. Eigentlich sei er doch ein sympathischer Kerl, den er gerne in seiner Schule behalten würde. Gerne wolle die Schule überprüfen, was sie besser machen könne. Er bittet den Klassenlehrer, das Verhalten der Mitschüler ab jetzt genauer zu beobachten und einzugreifen, wenn es notwendig erscheine. Schließlich sei doch gerade er als Leons Klassenlehrer in dieser schwierigen Altersstufe auf soziale Probleme gut vorbereitet und wisse, selbst Vater von drei Kindern, von den besonderen Herausforderungen für Eltern. Das hört Herr F. erstaunt und würde den Klassenlehrer am liebsten fragen, ob er denn auch Schwierigkeiten mit seinen Kindern habe. Der Schulleiter drückt seine Anerkennung für die Eltern aus, die Leon in den nächsten Tagen psychiatrisch untersuchen lassen wollen.

Die Eltern fühlen sich nach den beschriebenen Gesprächen in ruhigerem Fahrwasser. Sie konnten den Kontakt mit der Schule erfolgreich aufnehmen und gehen jetzt von einer möglichen Unterstützung für Leon und die Familie durch den Klassenlehrer und den Schulleiter aus. Nach der Unterredung mit ihrem Sohn vermuten sie, dass er vielleicht zu einem anderen Verständnis für das Verhalten seiner Mitschüler kommen würde, wenn er die dafür notwendigen Voraussetzungen erlangen könnte. Hier hoffen sie auf die Ergebnisse der psychotherapeutischen Untersuchung und verlassen ihre Vorwurfshaltung gegenüber der Schule. Es entspannt sie, dass der Klassenlehrer verantwortungsvoll seine Fähigkeiten überprüfen will und sich zum Einlenken bereit gezeigt hat.

Außenperspektiven

Eltern und Schule erleben sich entmutigt und hilflos, wenn sie nicht weiterkommen und ihr bemühter Überblick und ihre verantwortungsvolle Anstrengung zu keiner Lösung führen. Sie fühlen sich in einer Sackgasse und wissen nicht, wie sie ihr Verständnis erweitern und vertiefen und damit einen Ausweg finden können: »Uns fällt nichts mehr ein!« In einer solchen Situation eröffnen sich neue Perspektiven, indem bisher nicht beteiligte Dritte (z. B. Berater, Therapeuten) eingeschaltet werden, die ihre Wahrnehmungen einbringen und damit den derzeit eingeengten Blick zu erweitern vermögen. Dadurch geschieht ein hilfreicher Informationszuwachs, der zudem die bisherigen Fakten mit neuen Bedeutungen versehen kann. Die bisherigen Auffassungen aller Beteiligten erfahren einen Wandel, der zusätzliche Freiheitsgrade bewirkt und vielleicht nie vermutete Handlungsoptionen eröffnet. Damit schwindet das Sackgassengefühl, stattdessen entstehen ein Gefühl von Wahlmöglichkeiten und die Erwartung von Veränderungen.

In der hier exemplarisch beschriebenen Arbeit mit der Familie von Leon kann die Wirkung der Systemerweiterung mit unterstützendem Engagement des Therapeuten angedeutet werden:

Fallfortsetzung: Leon

In unserer Praxis hören wir Leon und seine Eltern zusammen ruhig an. Es gibt keine Bewertung der Klagen und Sorgen, die derzeit das familiäre und schulische Leben charakterisieren. Wir orientieren uns darüber, welche Tatsachen und Verhaltensweisen Anlass zur Sorge geben, wer sich welche Sorgen macht, ob akute Gefahr besteht, wer mit einbezogen werden soll und welche Änderungen mithilfe der jetzt erbetenen Beratung erreicht werden sollen. Anschließend schildern die Eltern den bisherigen Entwicklungsweg ihres Sohnes. Leon vertraut uns im Einzelgespräch an, dass er sich seit einigen Monaten zu bestimmten Gedankenabläufen und wiederholten Handlungen gedrängt sehe, deren Begründung er nicht angeben könne. Wegen dieser Gedanken könne er sich kaum noch auf den Unterrichtsstoff konzentrieren. Er verbrauche viel Zeit für diese wiederholten Handlungen, die ihn von den Gedanken abbringen sollen. Außerdem glaube er sich helfen zu können, wenn er zu Hause und in der Schule penibel auf Sauberkeit achte. Der Klassenlehrer und seine Mitschüler hätten das irgendwie mitbekommen und würden ihn deswegen hänseln und auslachen. Insgesamt schäme er sich für das alles und ziehe sich in sein Zimmer zurück, damit ihm die Eltern keine peinlichen Fragen stellen können. Nun wäre er aber erleichtert, wenn der Therapeut seine Eltern in seine bisher geheim gehaltenen Sorgen einweihen würde. Keinesfalls dürften aber seine Mitschüler davon erfahren, dass er nun in Therapie sei. Sie würden ihn dann noch mehr ausgrenzen und ihn vielleicht verrückt nennen.

Die Eltern reagieren betroffen und bestürzt auf die Informationen, die sie im Auftrag des Sohnes bekommen. Leon wird zu weiteren Terminen eingeladen, denn er benötigt wahrscheinlich weitergehende Hilfestellungen, die am besten gelingen können, wenn die Familie ihren Sohn dabei unterstützt. Zu Hause beratschlagen die Eltern, was im Hinblick auf die Schule, die Lernschwierigkeiten und

die sozialen Probleme ihres Sohnes getan werden soll. Herr F. will
die Schule auf keinen Fall über die spezifische seelische Not von
Leon informieren. Das sei doch peinlich und werde ein schlechtes
Licht auf die Familie werfen. Der Klassenlehrer sei doch ohnehin der
Meinung, zu Hause stimme es nicht, und wolle alles auf die Familie
abwälzen, damit er selbst nichts ändern müsse. Außerdem würden
solche Informationen Leon auch nicht weiterhelfen. Leon müsse da
eben durch und trotz seiner seelischen Lage gute Noten bringen und
mit der Klasse zurechtkommen. Frau F. hingegen hat sich überlegt,
ob Leon nicht besser in eine Klinik gehen sollte. Außerdem müsse
ja noch über einen Schulwechsel nachgedacht werden. Beides lehnt
ihr Mann vehement ab. Leon selbst möchte auf keinen Fall in eine
Klinik. Er kann sich die Wiederaufnahme des Schulbesuchs vorstellen, wenn er dort besser behandelt werden würde. Frau F. will in der
Schule nachfragen, ob dort ein weiteres Gespräch möglich wäre, an
dem auch der Therapeut teilnimmt.

Runde Tische

Die Entwicklung eines Schulkindes verläuft innerhalb der sich teilweise überschneidenden Verantwortungsbereiche von Elternhaus und Schule. In der Schnittmenge dieser Bereiche steht das Kind, das auf unterstützende Handlungen von Eltern und Lehrern angewiesen ist. Es kann erst mit fortschreitender körperlicher und seelischer Entwicklung mehr Eigenverantwortung übernehmen. Bei einem Kind, das wegen Störungen seiner schulischen Leistungsfähigkeit oder schlecht gelingender sozialer Integration auffällig wurde, kann sich ein die weitere Entwicklung hemmender Konflikt ausprägen, wenn die Lehrpersonen nachdrücklich Einfluss auf die häuslichen Lebensumstände des Schulkindes nehmen wollen. Ihre Bemühung kann bei den Eltern den Eindruck erwecken, die Lehrerinnen und Lehrer würden sich als die besseren Eltern sehen. Erlebt der Schüler das Rivalisieren der Lehrer mit den Eltern im gleichen Sinn, begegnet er in Loyalität zu seinen Eltern den Lehrern mit Ablehnung. Andererseits wehren sich die Lehrerinnen und Lehrer, wenn die Eltern mit ihnen in Konkurrenz treten und deutlich zu machen versuchen, sie wüssten, wie ein besserer Unterricht, eine bessere Schule funktionieren muss. Im Streit um ihre Kenntnisse und Zuständigkeiten fügen sich Eltern und Lehrpersonen gegenseitig energieraubende Verletzungen zu. Die guten Absichten beider Seiten, den Ausgleich für eine Entwicklungsstörung herzustellen, bleiben wirkungslos, das Schulkind verharrt in seinem Störungsmuster. Mit wachsendem Leid vermutet es, weder den Eltern noch den Lehrern zu gefallen, und vermisst von allen Seiten Anerkennung.

Es ist sicher, dass sich seelische Gesundheitsstörungen des Kindes, Irritationen der familiären Beziehungen und krankheitsbedingte Beeinträchtigungen der Eltern auf das Schulkind auswirken und Einfluss auf den Lernerfolg und das soziale Geschehen in der Schule nehmen. Andererseits können negative Erfahrungen des Kindes im Schulzusammenhang seine seelische Verfassung in solchem Maß belasten, dass die Eltern sich veranlasst sehen, entsprechend ihrer Möglichkeiten für Hilfe zu sorgen. Reichen die Bemühungen von

Eltern und Lehrern nicht aus, um offenbar gewordene seelische Irritationen günstig zu beeinflussen, liegt es zuerst bei den Eltern, um Hilfe bei Dritten nachzusuchen.

Damit wird das System um die Handlungen von beratenden und therapeutischen Institutionen erweitert, die aus einer größeren Distanz die Problemelemente mit neutralem Blick und in einem neuen Licht bewerten können. Nach unserer Erfahrung eröffnet das gemeinsame Gespräch aller informierten Beteiligten bis dahin nicht sichtbare Lösungschancen. Am Runden Tisch können alle Positionen der Erwachsenen und ggf. des Schülers – wenn er auch anwesend ist – möglichst gleichwertig betrachtet werden. Damit bietet sich die Chance, die Wechselwirkungen der Einflussgrößen und das bestehende Problemmuster zu erkennen. Ein mit systemischer Arbeitsweise vertrauter Berater kann am Runden Tisch die jeweiligen Anliegen herausarbeiten und entsprechende Aufträge aller Beteiligten entgegennehmen.

Fallfortsetzung: Leon

Leons Therapeut erklärt sich zur Teilnahme an einem Runden Tisch in der Schule bereit. Zuvor hat er Leon versichert, keine Einzelheiten zu verraten, die im Verlauf der bisherigen Sitzungen zwischen ihnen besprochen wurden. Leon will beim Runden Tisch nicht dabei sein, sondern sich zunächst auf die Eltern, den Klassenlehrer und seinen Therapeuten verlassen. In der Runde berichtet der Therapeut auf Wunsch der Eltern von seinen Wahrnehmungen. Leon erscheine ihm als ungewöhnlich gewissenhafter Junge, der seit einigen Wochen einen Fehler, ein Versagen um jeden Preis vermeiden wolle. Allerdings hindere ihn seine übermäßige Strenge mit sich selbst an guten schulischen Ergebnissen. Trotz seines hohen Zeiteinsatzes schaffe er derzeit das Pensum nur unzureichend. Auch hadere er sehr mit sich als Person und verstecke sich gleichsam vor anderen, obwohl er sich sehr nach der Anerkennung von Mitschülern, Lehrern und auch den Eltern sehne. Hier vermute er als Therapeut, Leon überfordere sich mit Verantwortungsbereichen, die eigentlich nicht von ihm abzudecken sind. Es bestehe die therapeutische Aufgabe und Möglichkeit, unter Einbeziehung der Familie nützliche Hilfen zu entwickeln. Der Klassenlehrer berichtet, wie sehr Leons Anstrengungen zugenommen haben. Die Eltern bestätigen, dass er zu Hause zunehmend mehr Zeit mit den schulischen Aufgaben verbringt. Da der Lehrer Leon eigentlich für einen begabten und leistungsfähigen Schüler hält, hat er an seinen Fähigkeiten als Lehrer zu zweifeln begonnen und grübelt bisher ohne Ergebnis, warum seine Bemühungen derart wirkungslos geblieben sind. Es habe ihn ein wenig entlastet, den Grund für Leons Versagen doch im Elternhaus finden zu können. Ähnlich geht es den Eltern, die sich ihren abnehmenden Einfluss auf Leons schulische Ergebnisse eingestehen mussten und deshalb die vermehrte Aktivität der Schule fordern wollten. Enttäuscht hat sich der Vater von Leon zurückgezogen. Frau F. fühlt sich wegen der bleibenden Sorgen erschöpft, wünscht sich dringend die Unterstützung durch ihren Mann und die Schule.

Eltern und Lehrer bestätigen sich gegenseitig ihre großen Anstrengungen, die nicht zu einer Lösung geführt haben. Bedrückt bemerken sie, dass auch Leon sich sehr um Erfolg bemüht, aber damit keine Früchte ernten kann. Der Bericht des Therapeuten eröffnet ihnen den Blick auf Leons seelische Verfassung, unter deren Wirkung er keine Fortschritte machen kann. Eltern und Lehrer nehmen wahr, dass sie angesichts ihrer Erfolglosigkeit zu gegenseitigen Schuldzuweisungen tendierten, und gewinnen die Überzeugung von der Nutzlosigkeit vermehrter Anstrengungen.

Jeder gibt den von ihm erlebten Handlungen seine eigene Bedeutung. Man kann versuchen, einen anderen Menschen zu anderen Bewertungen anzuregen. Das ist aber nicht sicher zu bewirken und deshalb nach Auffassung des Familientherapeuten Selekman (1997) nicht zu handhaben. Tatsachen sind dagegen Dinge, die jemand tut, und deshalb sind sie zu handhaben. Was getan werden kann, sollte am Runden Tisch inklusive einer klaren Verteilung der Verantwortung gemeinsam geplant werden.

Es ist ein nützliches Ergebnis des Runden Tisches, wenn sich die Gesprächsteilnehmer auf ein nächstes realistisches Ziel verständigen. Sind die vorhandenen Informationen ausgetauscht, kann der Lösungsprozess in folgenden Schritten gestaltet werden: Am Runden Tisch werden zunächst die Problemwahrnehmungen der Teilnehmenden geklärt und besprochen, welche Handlungen und Tatsachen Gesprächsgegenstand sein sollen. Dann tauschen sich die Gesprächs-

partner über mögliche Bedeutungen der Verhaltensweisen aus. Im
Lichte des Informationszuwachses ist dann zu prüfen, ob sich die
bisherigen Bedeutungszuschreibungen schon jetzt verändern oder
ob zuerst weitere Informationen als notwendig erachtet werden. Die
Teilnehmenden wählen aus, welche Handlungen am ehesten geeignet
sind, eine gewünschte Veränderung anzustoßen. So folgen sie dem
Schema in Abbildung 10, das eine zielführende Besprechung erlaubt.

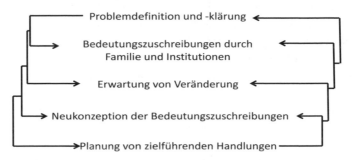

Abbildung 10: Fünf Schritte am Runden Tisch (nach Selekman, 1997)

Im oben dargestellten Fall ermöglicht die Information der Runde
durch den Therapeuten eine Neubewertung von Leons Verhalten. Er
wird nun nicht mehr als fauler und am Kontakt nicht interessierter
Schüler gesehen, vielmehr wird er jetzt als ein sensibler und überaus
gewissenhafter Junge eingeschätzt, der sich ein hohes Maß an Verantwortung auflädt. Ebenso bewerten sich die Eltern und der Lehrer
als anstrengungsbereit und um Veränderungsmöglichkeiten bemüht.
   Der Therapeut bietet seine Hilfestellung an und betont, dass er
auf die Mitwirkung der anwesenden Erwachsenen angewiesen ist.
Er beachtet dabei von Beginn an die Herangehensweise, wie sie in
Abbildung 10 schematisch dargestellt ist. Es geht nicht mehr um eine
Vermehrung der gegenwärtigen Anstrengungen. Vielmehr überle-
gen die Beteiligten nun, welche einzelnen Handlungen zur Entlastung von Leon geeignet sein können. Die Einigung auf zielführende
Handlungen macht dem Klassenlehrer und den Eltern erneut deutlich, dass sie in einem Boot sitzen und sich für ihre Bemühungen
gegenseitig achten können. Die auf Veranlassung der Eltern und
unter Mitwirkung des Therapeuten wiedergewonnene Kooperation

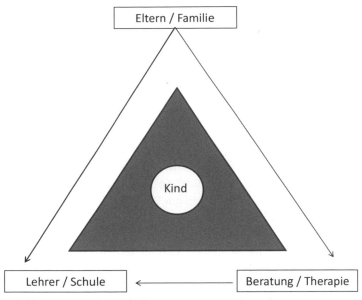

Abbildung 11: Runder Tisch als Kooperationen im Dreieck

bewirkt bei Leon ein Gefühl von Sicherheit. Er kann auf die Solidarität der Erwachsenen vertrauen und besser für sich sorgen. Das
nun eingerichtete kooperative Dreieck klärt die Aufgabenverteilung.

Das Dreieck in Abbildung 11 kennzeichnet die Verantwortungsbereiche der beteiligten Erwachsenen und gruppiert sich um die
Handlungsmöglichkeiten des Kindes. Die Eltern haben ihr Kind
einer Schule anvertraut. Sie sind dort Initiatoren eines Runden
Tisches (Elternverantwortung). Sie dürfen von der Schule hilfreiche pädagogische Strategien erwarten (Verantwortung der Schule)
und sind den Lehrern behilflich, indem sie die Abklärung der Lernmöglichkeiten ihres Kindes auf Basis von Begabung und seelischer
Verfassung zur Verfügung stellen. Auf der Grundlage ihrer eigenen
Kompetenz und unter Einbeziehung der Abklärungsergebnisse erbitten sie von der Schule und den Lehrern pädagogische und soziale
Hilfestellungen. Beziehen Eltern einen Psychotherapeuten ein, sorgen sie damit für fachspezifische Informationen, die bis dahin weder
den Eltern noch den Lehrerinnen und Lehrern verfügbar waren.
Dazu auf Veranlassung der Eltern eingeladen, nimmt der Thera-

peut im kooperativen Dreieck einen Platz am Runden Tisch ein und bringt eine weitere Ebene an Übersicht ein, mit der er auch der Schule seine Unterstützung anbieten kann (Verantwortung hinzugezogener Berater).

Zum Ende des ersten Gespräches am Runden Tisch in der Schule verständigen sich Eltern, Lehrer und Therapeut über die Nutzlosigkeit verstärkter Anstrengungen. Der Therapeut schlägt eine einfach konzipierte Beobachtungsaufgabe vor: Wann und unter welchen Bedingungen ist Leon der Kontakt mit den Eltern und den Lehrern bereits jetzt schon möglich? Sofern sie dieser Aufgabenstellung folgen wollen, bittet er sie um Benachrichtigung nach etwa zwei Wochen, weil ihm das bei seiner Therapieplanung helfen könne.

Die Erwachsenen entdecken, dass Leon zu gelingenden Kontakten besser in der Lage ist, wenn er sich selbst dazu entscheiden kann. Er führt seine Besuche bei dem Therapeuten fort. Er berichtet dort von seiner zunehmenden Entspannung, weil er sich nicht mehr zu Kontakten gedrängt fühle, die ihm unangenehm sind. Er könne sich die Fortsetzung des Schulbesuchs vorstellen. Die sich zeitversetzt anschließende Familientherapie verdeutlicht die unterschiedlichen Werthaltungen der Eltern und ihre bis dahin unbewussten Ängste, sie seien als Eltern nicht gut genug. Diesbezüglich sicherer geworden, können sie Leon in weiteren Schritten eine altersgemäße Selbstständigkeit zutrauen. Die Lehrerinnen und Lehrer fühlen sich entlastet, weil Leon weniger verwundbar erscheint, seine Aufgaben erledigt und Interesse an seinen Mitschülern gewonnen hat.

Schlussbemerkungen

Der Zauberlehrling in Goethes gleichnamigem Gedicht hat ein Chaos erzeugt, weil er die Lösungsformel nicht kannte, mit der sein Meister die Dinge in Ordnung bringen kann. Systemkompetenz hätte ihm nicht geholfen, denn in seiner Lage hatte er nur mit Zaubern die Chance, die Zukunft zu beeinflussen. Der Meister hingegen kennt sich mit dem komplexen, sich gegenseitig beeinflussenden Miteinander der Geister aus. Er befiehlt: »Steh!«, und bewirkt unverzüglich den notwendigen und rettenden Wandel.

Unser Modell will nicht der große Entwurf sein, den die Kulturpolitik fordert, um das Schulwesen grundlegend zu erneuern. Das Motto des Kongresses des Heidelberger Instituts für systemische Forschung 1991 lautete: »Das Ende der großen Entwürfe und das Blühen der systemischen Praxis«. Damit war die realistische Umsetzbarkeit von Lösungen als Forderung und Perspektive benannt. In Anlehnung an dieses Motto stellen wir in diesem Buch unsere Erfahrungen mit der Wirksamkeit von handhabbaren Lösungsansätzen vor. Wir haben erfahren, dass Eltern Systemkompetenz erwerben, mit der sie nützliche Hilfestellungen anregen und herbeiführen können, wenn es um den Schulerfolg und das gelingende Miteinander von Schülern, Eltern, Lehrern und Beratern geht. Vielleicht gelingt uns eine »ansteckende Wirkung« (frei nach Horx, 2010) auf alle in diesem Zusammenhang Beteiligten. Es bedarf nicht erst eines großen Entwurfes, der, einmal konzipiert, doch erst nach einem lange währenden Prozess umgesetzt werden könnte. Schon jetzt ist es möglich und realistisch, mit Kenntnissen über die Kompetenzen und Beziehungen der Beteiligten am Runden Tisch Lösungen im Sinne der betroffenen Schülerinnen und Schüler in Not zu finden.

Literatur

Bateson, G. (1969). Schizophrenie und Familie. Beiträge zu einer neuen Theorie. Frankfurt a. M.: Suhrkamp.

Bateson, G. (1987). Geist und Natur. Eine notwendige Einheit. Frankfurt a. M.: Suhrkamp.

Bauer, J. (2006). Prinzip Menschlichkeit – warum wir von Natur aus kooperieren. Hamburg: Hoffmann und Campe.

Biermann, G. (1991). Handbuch der Kinderpsychotherapie. Frankfurt a. M.: Fischer-Taschenbuch-Verlag.

Bonney, H. (2004). Initiatives of Healthy Children with Troubled Parents in Family Therapy Practice. 5. EFTA Kongress Berlin.

Bonney, H. (2010). Zappelix zaubert. Lernspiel für Kinder zur Behandlung bei AD(H)S. Frankfurt a. M.: MultiMediaManufaktur.

Bonney, H. (2011). Aufmerksamkeit und Achtsamkeit. Eine kulturhistorische Betrachtung. Balint Journal, 12 (2), 48–54.

Bonney, H. (2012). ADHS – na und? Vom heilsamen Umgang mit handlungsbereiten und wahrnehmungsstarken Kindern. Heidelberg: Carl-Auer Verlag.

Bonney, H. (2013). Lernstörungen. Vortrag in der Schule für Offenes Lernen, Liestal.

Brisch, K.-H. (2009). Bindungsstörungen. Von der Theorie zur Therapie (9., vollst. überarb. u. ergänzte Neuaufl.). Stuttgart: Klett-Cotta.

Ciompi, L. (1997). Die emotionalen Grundlagen des Denkens. Entwurf einer fraktalen Affektlogik. Göttingen: Vandenhoeck & Ruprecht.

Dobe, M., Zernikow, B. (2012). Rote Karte für den Schmerz. Wie Kinder und ihre Eltern aus dem Teufelskreis chronischer Schmerzen ausbrechen. Heidelberg: Carl-Auer Verlag.

Dührssen, A. (1973). Psychotherapie bei Kindern und Jugendlichen (5. Aufl.). Göttingen: Vandenhoeck & Ruprecht.

Fliegner, J. (2004). Scenotest-Praxis. Ein Handbuch zur Durchführung, Auswertung und Interpretation. Heidelberg: Asanger.

Goethe, J. W. von (1797). Der Zauberlehrling. In J. Kiermeier-Debre (Hrsg.) (2006), Goethe & Schiller. Die Balladen. München: Dt. Taschenbuch-Verlag.

Grund, M., Haug, G., Naumann, C. L. (1998). Diagnostischer Rechtschreibtest. Weinheim u. Basel: Beltz.

Haken, H. (1981). Erfolgsgeheimnisse der Natur. Synergetik: Die Lehre vom Zusammenwirken. Stuttgart: Deutsche Verlags-Anstalt.

Härtling, P. (Hrsg.) (1968). Die Väter. Berichte und Geschichten. Frankfurt a. M.: S. Fischer.

Haubl, R. (2010). Mit Ritalin® leben. Göttingen: Vandenhoeck & Ruprecht.

Hesse, H. (1951). Unterm Rad. Berlin: Suhrkamp.

Holmes, J. (2002). Bowlby und die Bindungstheorie. München: Ernst Reinhardt.

Horn, W. (2004). Prüfsystem für Schul- und Bildungsberatung für 6. bis 13. Klassen: revidierte Fassung; PSB-R 6–13. Göttingen: Hogrefe.

Horx, M. (2010). Das Buch des Wandels. Wie Menschen Zukunft gestalten. München: Deutsche Verlags-Anstalt.

Jensen, P. S. (2001). ADHD. Comorbidity Findings from the MTA Study: Comparing Comorbid Subgroups. Journal of the American Academy of Child & Adolescent Psychiatry, 40 (2), 147–158.

Jensen, P. S. (2007). 3-Year Follow-up of the NIMH MTA-Study. Journal of the American Academy of Child & Adolescent Psychiatry, 46 (8), 989–1002.

Jensen, P. S. (2009). The MTA at 8 Years: Prospective Follow-up of Children Treated for Combined-type ADHD in a Multisite Study. Journal of the American Academy of Child & Adolescent Psychiatry, 48 (5), 484–500.

Johnson, D. J., Myklebust, H. R. (1969). Lernschwächen. Stuttgart: Hippokrates Verlag.

Kästner, E. (1933). Das fliegende Klassenzimmer. Ein Roman für Kinder. Stuttgart: Perthes.

Kos, M., Biermann, G. (2002). Die verzauberte Familie. Ein tiefenpsychologischer Zeichentest (5. Aufl.). München: Ernst Reinhardt.

Krause, C., Lorenz, R.-F. (2009). Was Kindern Halt gibt. Göttingen: Vandenhoeck & Ruprecht.

Krowatschek, D. (2013). Wut – Wie Sie mit Aggressionen Ihres Kindes umgehen (3. Aufl.). Düsseldorf: Patmos.

Laucht, M. (2000). Entwicklung von Risikokindern im Schulalter: Die langfristigen Folgen frühkindlicher Belastungen. Zeitschrift für Entwicklungspsychologie und Pädagogische Psychologie, (32) 2, 59–69.

Levine, R., Broermann, C., Schuler, K. (1999). Landkarte der Zeit. Wie Kulturen mit Zeit umgehen. München: Piper.

Ludewig, K. (1992). Systemische Therapie – Grundlagen klinischer Theorie und Praxis. Stuttgart: Klett-Cotta.

Omer, H., Schlippe, A. von (2013). Autorität durch Beziehung (7. Aufl.). Göttingen: Vandenhoeck & Ruprecht.

Petermann, F., Petermann, U. (Hrsg.) (2008). Hamburg-Wechsler-Intelligenztest für Kinder IV: HAWIK-IV (2., erg. Aufl.). Göttingen: Hogrefe.

Portele, G. H. (1992). Der Mensch ist kein Wägelchen. Köln: Edition Humanistische Psychologie.

Richter, H.-E. (1963). Eltern, Kind und Neurose. Psychoanalyse der kindlichen Rolle. Stuttgart: Klett.

Rotthaus, W. (2010). Wozu erziehen? Entwurf einer systemischen Erziehung (7. Aufl.). Heidelberg: Carl-Auer Verlag.

Satir, V. (1990). Kommunikation, Selbstwert, Kongruenz. Konzepte und Perspektiven familientherapeutischer Praxis. Paderborn: Junfermann.

Selekman, M. D. (1997). Solution-Focussed Therapy with Children. Harnessing Family Strengths for Systemic Change. New York u. London: The Guilford Press.

de Shazer, S. (1989). Der Dreh – Überraschende Wendungen und Lösungen in der Kurzzeittherapie. Heidelberg: Carl-Auer Verlag.

Simon, F. B. (1984). Der Prozeß der Individuation. Über den Zusammenhang von Vernunft und Gefühlen. Göttingen: Vandenhoeck & Ruprecht.

Smith, L. B., Thelen, E. (1994). A Dynamic Systems Approach to Development. Cambridge (Massachusetts): MIT Press.

Statistisches Bundesamt (2014). Schülerzahlen 2013/14. Zugriff am 3.10.2014 unter https://www.destatis.de/DE/ZahlenFakten/GesellschaftStaat/Bildung-ForschungKultur/Schulen/Aktuell.html

Stierlin, H. (1976). Das Tun des Einen ist das Tun des Anderen. Eine Dynamik menschlicher Beziehungen. Berlin: Suhrkamp.

Struck, P. (1997). Erziehung von gestern, Schüler von heute, Schule von morgen. München: Hanser.

Strunk, G., Schiepek, G. (2014). Therapeutisches Chaos. Göttingen: Hogrefe.

Thelen, E., Smith, L. B. (1993). A Dynamic Systems Approach to the Development of Cognition and Action. Cambridge (Massachusetts): MIT Press.

Thoma, C. (2009). Zutrauen, zumuten, zulassen. Systemische Kurztherapie mit Kindern, Jugendlichen und Eltern, ericksonlike (3. Aufl.). Amstetten: ISKAM.

Tomatis, A. (1990). Der Klang des Lebens. Berlin: Rowohlt.

Tschacher, W., Feuz, S., Meyer, M., Genner, R. (2012). Adulte ADHS. Eine Erhebung mit psychiatrischen Patienten. Universitäre Psychiatrische Dienste Bern (UPD), Abteilung für Psychotherapie.

Watzlawick, P. (1977). Die Möglichkeit des Andersseins. Zur Technik der therapeutischen Kommunikation. Bern: Huber.

Weiß, R. H., Osterland, J. (2012). Grundintelligenztest Skala 1 – Revision: CFT 1-R. Göttingen: Hogrefe.

Winnicott, D. W. (1997). Von der Kinderheilkunde zur Psychoanalyse. Frankfurt a. M.: Fischer-Taschenbuch-Verlag.